甘凤池易筋经阐秘

邓方华　主编

北京体育大学出版社

策划编辑：吴海燕
责任编辑：吴海燕
责任校对：文冰成
版式设计：万达腾飞

图书在版编目（CIP）数据

甘凤池易筋经阐秘 / 邓方华主编. -- 2版. -- 北京：北京体育大学出版社, 2016.5（2021.2重印）

ISBN 978-7-5644-2270-7

Ⅰ.①甘… Ⅱ.①邓… Ⅲ.①易筋经（古代体育）-基本知识 Ⅳ.①G852.6

中国版本图书馆CIP数据核字(2016)第105286号

甘凤池易筋经阐秘 **邓方华 主编**

出版发行：北京体育大学出版社
地　　址：北京海淀区农大南路1号院2号楼2层办公B-212
邮　　编：100084
网　　址：http：//cbs.bsu.edu.cn
发 行 部：010-62989320
邮 购 部：北京体育大学出版社读者服务部 010-62989432
印　　刷：北京昌联印刷有限公司
开　　本：710 mm × 1000 mm　1/16
成品尺寸：170 mm × 240 mm
印　　张：8.5
字　　数：150千字
版　　次：2010年9月第1版　2016年7月第2版
印　　次：2021年2月第3次印刷
定　　价：30.00元

编 委 会

目 录

上篇　甘凤池易筋经之大功篇

下篇　甘凤池易筋经之增演篇

上篇　甘凤池易筋经之大功篇

一、易筋经本论

【秘谱】

凡学者，初基有二：一曰清虚；一曰勇往。清虚无障，勇往无懈。不先辨此，进道无基。

清虚谓何？洗髓是也。勇往为何？易筋是也。易者，变也；筋者，劲也。

原夫人身髓骨以外，皮肉以内，四肢百骸，无处非筋，无用非筋，无劲非筋，联络周身，通行血气，助益精神，提挈动用。试观：筋弛则痪，筋挛则瘘，筋弱则懈，筋缩则亡；再观：筋壮者强，筋舒者长，筋劲者刚，筋和者康。此皆内赋也。于天，外感于病，或盛或衰，非由功，修不成诸壮；今以人功，变弱为强，变挛为长，变柔为刚，变衰为康，易之力也。

然而，功有渐次，法有内外，气有运用，行有起止，以至药物器制，节候岁年，及夫饮食起居，徵验始终。务宜先辨信心，次立恒心，奋勇往心，坚精进心，如法行持，日修不懈，无不成功也。

【解析】

凡是学习武功的人，入门的基础功夫有两个方面：其一叫做清虚的功夫；其二叫做勇往的功夫。能够清虚就无任何障碍，身心清净就能入定；能够勇往就无任何的松懈懒怠。如果不知道这个道理，要想修炼成上乘的武功就没有基础，更别想以武入道了。

那么，什么是清虚呢？清虚就是洗髓的功夫，简而言之，就是修真养性，也就是静功，注重清洗内在的精神思想。什么是勇往呢？勇往也称脱换，其实就是易筋经功夫。用“勇往”二字，就是说具备了坚固外在的物质的形体而达到上乘武功后，干任何事情的时候，才能勇往直前，无坚不摧，毫无懈怠的意思。

“易”，就是变化，改变。天地之间所有发生变化的现象都叫做易。“易”字是运用了《周易》之说。“易”字由 “日”“月”二字结合而成，日表示阳，月表示阴，日月结合，表示阴阳交合，运变无穷之意。将“易”用于武功时，它不但有变化、改变的意思，同时也有调节之意。就是说，武功修炼中，在不断地调节着人体阴阳的平衡，只有人体阴阳平衡了，才能心境泰然，无任何疾病或障碍，在此同时，也在不断地强化着人体。故而，武功中用“易”字作为变化时，完全是一种“良性”的变化和改变，调节的目的是向着好的一面发展的。

为什么说“筋经”需要“易”（改变）呢？因为“筋经”是人体的发劲之源。什么叫筋经？筋经就是人体的筋脉和经络。骨节之外，肌肉之内，四肢百骸，无处不是筋经，不是横的便是竖的，到处布满，联络周身，通行血脉，成为精神对外指挥形体必须依赖的支柱。

不过，“筋”和“经”是两个不同但又互相紧密联系的概念。二者相互协同，以沟通表里，联系内外。人体的九州九窍，五脏六腑，十二节之气，皆能通乎天地者，即赖于筋经这一作用。人体营卫之气的流行，以及与天地二气的沟通，是通过“经”来进行的，它附着于人体的五脏六腑。但是“筋”起到一个支撑和附着经的骨架作用，没有筋的支撑，“经”的上述功能就难以得到发挥。

若从体用这个角度来说，“筋”为“体”，则“经”即为“用”，只有健康的“体”才有正常的“用”。《易筋经》之所以易的是筋经，并以“筋经”命名，就是首先经过筋体的锻炼，来达到经络的通畅。而只有经络的畅达，才有营卫气血的正常运行，才有五脏的强健。因此，筋的强与否，能否起到支撑经络的骨架作用，这是以上过程中的一个最基本的环节，通过练筋“体”来发挥经“用”，这就是《易筋经》的基本含义所在。要研习《易筋经》，首先要对其独到的理论及特殊风格有一定的认识。

人的肩膀能担负重物，手能捉拿物体，脚能走路，全身能灵活的运动，都是筋经顺达的缘故。要知人身上的筋骨经络原是由先天的禀赋所造成，落入后天便有筋经松弛者、筋经摇颤者、筋经紊乱者、筋经细弱者、筋经屈缩者、筋经强壮者、筋经舒畅者、筋经刚劲者、筋经柔和者等种种不一。在后天的生命过程中，筋经松弛则会生病，筋经摇颤则显瘦弱，筋经紊乱则生畸形，筋经细弱则软弱无力，筋经屈缩则随时都会死亡。然而，筋经强壮则刚强，筋经舒畅则发育良好，筋经刚劲则勇猛有力，筋经柔和则健康长寿，这些都与在娘胎里的先天禀赋有关。

不论人的先天体质强弱，一旦受到外感六淫（风、寒、暑、湿、燥、火）侵袭，以及七情（喜、怒、忧、思、悲、恐、惊）所扰都会生病，只有通过易筋经功夫的修炼以坚固其身体，强壮内脏以辅助外在的形体，方能百病难侵。通过功夫的锻炼，可以帮助筋经摇颤的变化为平舒，筋经细弱的变化为强壮，筋经松弛的变化为柔和，筋经屈缩的变化为伸长，筋经紊乱的变化为畅壮。即使是一个瘫如绵泥之人，或者是后天生活中所损伤引起的虚弱等，能够修炼好易筋经功夫，身体也可以由弱变强，羸弱的身体很快变得铁石般的强壮。由此可见，“易”的力量是多么的神奇。

然而，练习易筋经这种功夫有循序渐进的要求，先练什么，再练什么，都有一定的规律。在方法上，有专门针对内脏的、有专门针对外体的；呼吸有吐有纳，内气有运行的情况和发挥效用的情况，行功有动功、静功之分；至于内气与身体调节情况，无论从身体内部的循环变化，以及对应的外部自然时令节候，还是药物配方、器械制作、饮食起居，行动举止等等，一步步自始自终都有明显的要求和验证。

要想得到这种神奇的验证，不是凭口头上说了就行的。首先，需要树立不得正果誓不罢休的坚定恒心；然后，还要树立以务实求真，从点滴积累的虔诚信念，不怕吃苦，奋勇前进，精益求精，坚持不懈。具备了这些，再按法修炼，寒暑不间，没有不能成功的道理，也只有这样，才能达到《易筋经》所要达到的境界。

【秘谱】

髓骨之外，皮肉之内，以至五脏六腑，四肢百骸，无处非筋，亦无处非膜。膜较于筋，膜为稍软；膜较于肉，膜为稍劲；筋则分缕，半附骨肉；膜则周遍附着骨肉，与筋有分。其状如此。练筋则易，练膜则难。

盖操练之功，以气为主。天地生物，气之所至，百骸生长；修炼气至，筋膜齐坚。然而，筋体虚，运气至，则起膜；体沉浊，气不倍，不能起发。练至筋起之后，必宜倍加功夫力，务使周身膜皆腾起，与筋齐坚，外着于皮，并坚其内，始为气充，始为了当。否则，筋无助，譬犹植物无培于土，非曰全功。

【解析】

人是由五脏六腑、四肢百骸、筋骨皮肉、气血精神所共同组合而成的一个有机整体，而于髓骨之外、皮肉以内，以及内在的五脏六腑、在外的四肢百骸，每一处都是靠筋经联络支持的。同时有筋经的地方也有膜。

什么是膜呢？这个膜不是带油脂的块膜，而是与筋具有同样作用的膜。带油脂的膜，是腹腔五脏中的东西；筋膜呢，则是附在骨头外面的东西。筋联络四肢百骸，膜则包贴骸骨。筋与膜相比较，膜软于筋；肉与膜相比较，膜又坚劲于肉。膜处的位置在肉之内、骨之外，既包贴于骨头，又附衬于肉，这就是膜。从而可知，练筋比练膜要容易一些，练膜比练筋要难些。

不论是练筋还是练膜，最基础的起步都是以练气为开端的。为什么呢？

因为人体除了内在的五脏六腑、外在的四肢百骸外，还有属于内在的精气神、外在的筋骨皮肉，所共同组成的一个有机整体。它们之间相互存在依存关系。脏腑之外有筋骨为支撑，筋骨之外有肌肉支持，肌肉之内有气血为支撑，周身上下能够灵活运动，这又是气为支持。所以说，易筋经的修炼关键，全在于气血的培养。

气血的重要性是平衡阴阳，这正如大自然要生万物，必需日月之光辉，雨露之滋润，合而言之，“气”也。古论中说：“气实为人类性命之根，造化之源，生死之本。”人如果能善养此气，则可以预防疾患，延缓衰老；反之，不注意养气而听其涣散，则难免疾病丛生，未老先衰。易筋经正是通过后天人为的锻炼，以达到练后天补先天，养精蓄气，延年益寿的目的。因而，从其功夫上来看，虽有万端变化，概括起来也不过是“练气”而已。所以，练筋就必须练膜，而练膜就必须练气。然而，练筋容易而练膜较难，练膜难而练气更难。

“气”又该怎么去练呢？传统的修真理论中讲，肾气言护，指保养精不使倾泄；肝气言养，指养其平和之气不使恼怒；肺气言调，指调节呼吸使其深长细匀；脾气言理，指调理净化意念不生贪欲，使气清纯而平和，平和就能畅达，就能行于筋，串于膜，以至通身灵动，无处不行，无处不到。气到的地方膜就能起，气运行膜就扩张，能起能张，那么膜与筋就能共同坚固。

等到练至筋坚挺之后，务须全身的膜都能空腾起来，与筋同样坚实。膜坚实附着于筋之外，成为保护层，筋坚实附着于膜之内，成为后盾、主心骨。必须使气串于膜间，护其骨，壮其筋，使筋、膜、骨、肉、气合为一体，才算功夫完全。否则，光筋坚固而膜不坚固，筋就失去帮助，就像植物没有土的培养就难以生长，这就不是完全的功夫。

二、内壮论

【秘谱】

内与外对，壮与衰对。壮焉可歆也，外可略也。内壮言道，外壮言勇。道植圣基，勇仅俗务，隔霄壤矣。

凡练壮，其则有三。

一曰：守中。

此道练法专于积气，下手之妙要于揉。其法详后。

凡揉之时，解襟仰卧，手掌着皮，其一掌，下胸腹之间，即曰中。惟此“中”，乃存气之地，应须守之。须含眼光、凝耳韵、匀鼻息、缄舌气，四肢不动，一意冥心，存想中处，先后存忘，渐渐至于如如不动，是名曰守。斯曰合势。

盖揉在于是，守在于是；则一身中精气与神，俱注于是，久久积之，是成功效。设或杂念纷纷，驰想世务，神气遂不凝注，虚所揉矣，无有是处。

二曰：万勿它及。

人身之中，情、神、血不能自主，悉从乎意，意行则行，意止则止。守中之时，一意掌下，是为合势。

设或驰念一掌之外，又或驰念于各肢体，其所积精气与神，随散之于肢体，即或外壮，而非内壮矣。揉而不积，虚所揉矣，无有是处。

三曰：待其充周。

凡揉与守，所以积气，气既积矣，精神、气血，悉附之守。守之不驰，揉之且久，惟中蕴，而不旁溢。真积力久，自然充满周遍。即孟子所云：“至大至刚，塞乎天地之间者，自然为浩然之气也。”

设若未及充周，驰意外走，散于四肢，则内壮不坚，外勇亦不全矣，两无是处。

【解析】

人体本身，有内与外的相对，强壮与虚衰的相对。壮与衰作比较，当然是壮更令人羡慕；内与外作比较，外面固然需要强健，而内里的强健绝不可以忽略。内与外的修炼是有区别的，凡是专修内壮的（也称内功），是与道合真；只外壮者，为勇猛剽悍。内修道者，为通达仙域的基础，外壮仅为一介勇夫。然而，内壮显示的是坚实，外壮显示的是勇猛；既坚实又勇猛，才能够成为真勇，而既勇猛又坚实，才能够称得上是真坚实。只有内外双修后，才能达到坚中有勇，勇中有坚，既坚又勇，坚勇浑一，才能练就以武入道的金刚之体。

凡是修炼内壮之功，其要则有三个方面。

第一，守中道。

守中道的意思是指专门从事积气。什么叫积气呢？也就是使眼、耳、鼻、舌、身、意，专于一处，即眼不外观，耳不外听，鼻不外闻，舌不外尝，身不乱动，意不外想。如果眼外观，就会看到不该看的；耳听到不该听的；鼻闻到不该闻的；舌尝到不该尝的。凡此种种就会导致心思波动，想一些不该想的事而导致身体内外的不稳定，这些感官和思维不断波动、使用激烈，就会将人最灵明的元神逐一地损耗，致使人的先天慧性蒙上污垢，以致不能悟道。所以，入门之初，要锁心猿拴意马，将心神全部内视于“中”。中者，丹田也。

做好了“守”的同时，下手的方法就是用“揉”。至于揉的方法，将在后面的专门论述中有详解此暂不赘述。

凡是行做揉功的时候，必须解开衣服，仰卧于床上，手掌要揉的地方，在心口下约一掌下的位置，即胸腹之间，这就是所谓的“中”。胸腹之间即肚脐的位置，肚脐下、命门上，中空一穴，就是丹田，又名“气穴”“气海”。说它是存气之地，其实应是生气之源才对。从而可知，守中之法，是练气的法门。也就是说，练揉之前，必须要通过练气，有了丹田气为基础后，才能够练揉有成。

练气之法，首先就要从意守丹田入门，方法是：双目微闭而内视（垂帘内观），两耳什么也不要听（不可能不听，听的是自己的呼吸）；鼻息悠悠，深匀细长，任其自然；口要闭着，舌舐上腭，上下齿轻轻相扣；全身放松，勿使一丝紧张，并且什么也不要想，极静极明时，即一意存中。当年达摩大师以心领神会入道的入门正法就是“守中”，法诀就是“含其眼光，凝其耳韵，匀其鼻息，缄其口气，逸其身劳，锁其意驰，四肢不动一念冥心”这七句。达到了这一地步，就做到了“守”的要求。

“先后存忘”的意思是说，守不住难以出功夫（尤其初练时，难以存中）；但又不能过于执着（死守握固，易于出偏）。当然，练得久了，可以操纵自如，就达到自然而然的境界，似守非守，不守自守，如“忘”一般。

要进入揉功，就得从这时（真正达到守中）开始。所谓从这时开始的道理是，一身的精气神，这时都集聚在一处了，久而久之，精气神的聚积，自然会使体内产生一片光明（即阴中生出真阳），这一切都需要心静如一，恬静泰然。

假如杂念纷纭，思想总是想着这或想着那，一点也得不到宁静时，人的神气便会随着思想而分散到体外，这时就是进行揉功，也是空洞而无实际意义的揉，这样的练法是什么益处都没有的。

第二，不能有杂念。

人身之中，精气血性是没有自主权的，都听从于意的指挥。意思是说，精神气血处在先天状态下都有自主权，各自按客观规律之道，从事自己的职责，而落入后天，便受“意”（意识，思维，也称后天识神）的指挥，失去自身原本的自由。这个“意”，它有着两面性，人在初生之时，身心都是美善的。若为情欲杂念把这些善与美一一消耗掉，这时人的先天的善与美便被抹煞，再加上，眼睛看到的一些诱惑事物，耳朵听到一些令人心动的声音，鼻子闻到令人心烦或心喜的气味，舌尝到酸甜苦辣咸等味，令人向往，身体感触到使人喜乐或痛苦的一切令自身思维偏向极端时，就会对自身的元神有所损耗，这个“意”，是不可取的。我们需要的是“良性的意”，也就是正确的意识指导，使人达到身心清净，不受任何不正之“念”的影响。

当下手的时候，意也随着掌下，这就是意、气与行为吻合为一体的方法。如果下手时意念分散到身体其他地方，那么刚刚凝聚的精气神随即会走散于其他地方。即使练得强壮的身体时，只能是外壮，并不是内壮。所以，揉而不能使意将精气神聚在一块，这种揉是得不到实际东西的，也没有什么益处。

第二，要使所练之气充满布遍周身。

凡是揉和守，目的都在于积气。气能够积时，精神血脉都会归附于守，而不分散（自由散漫之意）；揉的时间长了，气也就一直蓄积于丹田，而不走散。气能积，则力也能积，就是有气必有力，气一旦充满，则力也处处具有。所谓的这个气是什么气呢？就是儒家亚圣孟子所说的“至大至刚，塞乎天地之间”的自然浩然之气。如果气尚未充实周遍全身，就使意分散于四肢百骸时，不但内壮不能坚实，而且外壮也不坚实，内与外两个方面也都达不到预期的练功收效的。所以，外强必先内壮，内壮首要就在于积累精气，意气专一，浑元合一体。

三、揉 法

【秘谱】

谚语有云：“筋骨磨砺而后能壮。”唯此揉法，磨砺之义也。其则有三。

一曰：春月起功。

盖此法大约三段，每段100日。初行时，必须解襟；次段功夫，必须见身。宜取二月中旬，下功为始，以后渐暖，乃为通便。

二曰：揉有定势。

人之一身，右气、左血。凡揉之法，宜自右边推向左边。是盖气入于血分，令其通融；又取胃居于右，揉令胃宽，能多纳气；又取揉者右掌有力、便于、不劳。

三曰：揉宜轻浅。

凡揉之法，虽曰人功，功宜法天义。天地生物，渐次不骤，气至自生，候至自成。揉者法之，但取推荡，徐徐往来，勿轻勿重，久久自得，是为合势。

设令太重，必伤皮肤，则生斑痱；深则伤于肌肉筋膜，则生肿热，两无是处。

设有下功急迫，而不遇春夏，择深邃之居，温暖之处；或设炉火，使暖气遍满室中，亦可为之矣。

【解析】

谚语中有一种说法叫做“人体筋骨要经过磨砺之后才能健壮”，恰如“天将降大任于斯人也，必先苦其心志，劳其筋骨，饿其体肤”，而后才能做大事。这里的磨砺，于易筋经中，只是一种形容而已，其实际的做法就是“揉”，二者的意思是相同的。

揉功的方法共有三步要领。

第一，春月起功。

此法大概分为三段，每段以百日为限。春季之初，这时天气还比较寒冷，就不能脱光衣服，只需将衣襟解开就行了。到二月的中旬，天气渐渐暖和，这时就能脱光衣服，但以脱光衣服而不着凉才能行功，一旦感觉受凉时，意念就不会集中，这样于练功不利。以后天气更加暖和，就可任意行功了。任意是说不受天气的局限，并不是指练功不按规矩，这一点要恰当理解其意。

第二，揉要有一定的方式。

人的身体中，右边主气，左边主血。凡进行揉功时，宜从右向左推。这种揉法的道理在于，推右边气入左边血，令其左右气血通融。

再者，胃居于右侧，先从右边揉，能宽和胃脏，使胃多纳气，而加强胃的消化功能。

还有就是，揉可多用右掌，因为一般人右掌比左掌用起来习惯，方便练功，并且非常有力，揉起来不易感到劳累，能长时坚持。

第三，揉时宜轻宜浅。

揉功虽然是人为的功夫，但它遵循的却是天地自然的道理。大自然生成万物，都有个循序渐进的过程，气机不到不会生，时候不足不成熟；如想一蹴而就，那就违背自然了，徒然求速，欲速则不达，结果也是枉然。

揉功就是效法自然的方法，取其阴阳之气相推鼓荡，徐徐往来，既不重也不轻，久久自得，功到自然成。这叫做合势，是人合于天的模式，才是真正的练法。

如果揉得太重，必然会伤皮肤，皮肤一旦受伤，就会生长皮肤病（创伤痕迹、斑块、痱子等）；如果揉之过深，就会伤及筋膜肌肉，有可能生出热肿之类的病来。这些都是应当谨慎注意的。当然，过轻也是不行的，轻则无功。

假如要提前练揉法而又不在春夏暖和季节时，该怎么办呢？我们可以选择避风而比较暖和的屋子来进行。或者用炉火将室内的温度取暖后进行。现代可以用空调或者用电热器，比之煤火、炭火较好，在炉火室内练功极易伤肺。

四、日月精华

【秘谱】

太阳之精，太阴之华，二气交融畅，是生万物；古人知之，而善咽之。其法秘密，世人莫传也。况无坚志，且无恒心，是虚负居诸也。

凡行内练者，自初功起，至于成功，以至终身，无论忙闲，勿论时候，而此采精练华之功，不可间断。其所以采咽者，盖取阴阳精华，益我神气，瘀滞渐消，清灵自长，万病不生，良有大益。

采咽之法：

日取于朔，谓与月初交，其气新也。月取于望，谓金生盈满，其气旺也。

设朔望日，值有阴雨，或值不暇，则取初二、初三、十六、十七。若过此六日，虚而不可取也。

取日于朔，宜初出时，登高默对，调匀鼻息，细吸光华，令满一口，闭息凝神，细细咽下，以意送之，至于宫中，是为一咽。如此七咽，静存片时，然后起行，径从应酬。

望取月华，亦如此法，于戌亥时，采吞七咽，此乃天地自然之利。

唯有恒者，为能享用之，亦惟笃信者，乃能自取用之。

【解析】

天地之间自然中的精华就是太阳和太阴（即月亮），太阳与太阴的精华之气相互交融时，便会化生出万物。古时候修炼养生的人们，有善于采咽太阳太阴精华的人，长期坚持修炼，久而久之，便会达到长健、长寿的境界。不过，这种方法是非常秘密的，一般人是很难知道其修炼方法的。

即使是修炼中人，懂得采练日月精华的秘诀，因为其修炼过程的长期性，如果缺乏坚定的意志和恒心，大多也半途而废，最后无大收获。“虚负居诸”的意思就是说光阴流逝，没有多加利用。“日居月诸”是个古代成语。

如果每个修炼的人，自初步开始，以至终身，不论是悠闲与繁忙，都不要因为别的事情而忘掉修炼它，仅采咽日月精华这一项功夫，只要确保不间断地修炼，就能达到很高的强健境界。因为这种采咽的功夫，所取日精月华可补益人体，使人元气更加充沛，把积聚在身心中的瘀塞阻滞渐渐疏通祛除，这样清正灵机自会生发，百病难侵，可见，采咽功夫的修炼益处是多么巨大！

那么，采咽日月精华的具体方法是什么呢？

采咽日精应选在每月的初一，这天叫朔日，是太阳与出现的月牙阴阳应合，刚刚出生新气，是取日精的最好时机。

采咽月华则要选择在每月十五日，这天叫做望日，是月亮吸收太阳精华最饱满的时机，叫做金水盈满，精华气之正旺，是采月华的最好时机。

假设初一、十五这“朔、望”两天遇有阴雨或多云，则不宜采取，这时可以选在初二、初三或十六、十七这几天来凝神补采。如果过了这六天，太阳偏斜，月亮亏缺，精华不足，即不宜采取。

初一采咽太阳之精，宜于寅卯时刻，即北京时间上午 5：00～9：00 这段时间。站于高处，默对太阳，调匀鼻息，用嘴细细吞吸太阳的光华。等合满一口，即闭住呼吸，专心专意细细咽下，并以意送至中宫（丹田），这是一咽。可连续做七遍，也就是咽食七口。做完后静守片刻就算收功，便可以去做别的事情，不会于时间上妨碍平时的工作和生活。

在十五这天采取月华，其咽法跟采咽日精是一样的，不过时间是在戌亥时，也就是现代时间的晚上 7 ：00 ～ 11 ：00 点，同样采咽七遍后收功。

采取日精月华的这种功夫，虽然很奇妙，但须日积月累才能显出功效，所以只有具备坚定恒心与毅力的人，笃志不移去体会和勤练，才能够使自己得到别人所得不到的收益。

五、内壮服药法

【秘谱】

练壮之法，外资于揉，内资于药。行功之始，先服一丸，约药入胃将化完时，即行功夫。

揉与药力，两相凑迎，乃为得法。过与不及，皆无益也。每功一日，服药一丸，照此为常。

【解析】

易筋经的修炼，不但要外靠揉摩，使之筋腾膜起，而且还得靠内服药丸，以药力相助，才能达事半功倍之效，故俗语云：“练功不练药，到老还是个病袅袅。”

用药之法，就是在每次练习易筋经之前，服一粒“内壮丸”，过去江湖中有称之为“内壮易筋神力丹”。待药入胃一定时间，约略全部融化，已经产生药性之际，即开始练功。这样可以使揉（外壮磨砺或拍打）与药力相应凑合，这样的练法才是最佳。如果药力过后，或者药性还没有产生时就开始进行练功，这样的练法收效均不会太好，反而还会对自身产生不利的影响，所以，练习易筋经前要对药功之法掌握清楚。每天练功一次即内服一丸，不可过多，照此做下去就行了。

（一）内壮丸药方

【秘谱】

一方：

野蒺藜，去刺炒；白茯苓，去皮；白芍药，火煨；大熟地，酒洗；辰朱砂，水飞；全当归，酒洗；于白术，土炒；真人参，去节；粉甘草，蜜水炙；大川芎，炙炒。共为末，练蜜为丸，药重一钱，或汤或酒送下，每服一丸。

又方用：

女贞子，拣净；建莲肉，去心；牡蛎，水洗白，色煨；山药。各等分，为末，面糊丸，如同桐子大，每服二钱，白汤送下。

一云，多方品合，其力不专，另立一方：

只取野蒺藜一斤，炒去刺，细末蜜丸，每服一钱或二钱。

一方用：

白茯苓一味，去皮为末，每服一钱，蜜水调下；或练蜜为丸；或以茯苓块浸于蜜中，久浸愈佳。

一方用：

朱砂水飞，每服三分，蜜水调下。此方次之，不可久服。

【解析】

野蒺藜，也叫刺蒺藜或蒺藜。其味甘，性温，无毒，主入肾经，具有补肾之功。制法多用盐水炒去刺，用酒炒则具有舒筋活血的作用。

白茯苓，味甘淡，性平无毒，入心、肾、脾、胃、小肠五经，益脾胃而利小便，镇心惊之气，保肺安神。茯苓假松之余气而成无中生有、得坤厚之精为脾家要药。脾主肌肉，有护筋壮骨之能，多为神仙家、修炼之士们服饵之主药，去皮入药。

白芍，味苦、酸，性微寒，无毒，入肺、脾、肝三经，为行血之要药，泻肝家火邪，故功能颇多，一言以蔽之，敛气凉血而已，制法用火煨黄。

熟地，味甘，性寒无毒，入心、肝、脾、肾四经，滋肾水，封填骨髓，利血脉，补益真阴，为补肾要药，益阴上品，制法用酒洗。

朱砂，味甘，性寒，有毒，入心经，用水飞去杂质，功能具有镇心而定癫狂，辟邪而杀鬼祟。

当归，味甘辛，性温，无毒，入心、肝、脾三经。心主血、脾统血、肝藏血，当归为血药，故入三经而主治咳逆上气，辛散之熏。头止血，尾破血，身补血，全归和血，能引诸血各归其所，当归之经，故名当归。血气昏乱，服之即定。

白术，味苦甘，性温，无毒，入脾胃二经。制法用米泔水浸半日，土蒸，切片，蜜水拌匀，炒令褐色。功能健脾进食，消谷补中，利腰肾血结，乃脾胃之圣药。

人参，味甘，性微温，无毒，入肺脾二经。补气安神，除邪益智，乃大补元气之圣品。

甘草，味甘，性平，无毒。用蜜炙炒，功能补脾以和中，润肺而疗萎，解百毒以和诸药。

川芎，味辛，性温，无毒，入肝经。酒水炙炒，功能具有和血而去旧生新，祛血瘀诸痛。

本方乃由“八珍汤”化裁而出，首先以人参大补元气，茯苓、白术、蒺藜以佐之，形成了健脾胃，壮筋骨，再加上血家之专方四物汤的当归、川芎、熟地、白芍，补血活血；血足而气充，气足而血能运。辅以朱砂镇心宁神，甘草调和诸药，提高诸药功能，成为了气血双补，强筋健骨，补益髓脉，增力壮体的方剂。

剂量的掌握，以每次需要而定，方中的10味药量相等。将药按炮制方法制好后，研为细末，练蜜调匀，制作成细丸，每丸重约6克，练功前用白开水或者黄酒送服一丸。

另外，还有用女贞子、莲子肉、牡蛎、山药等份，研成细末和面糊为丸的方剂。

女贞子禀天地至阴之气，故凌冬不凋，气薄味厚，乃补肾之佳品。其味苦，性平，无毒，入肝肾二经，补中，黑须发，明目，养精神。冬天采集，九蒸九晒者佳。

莲子肉，味甘，性平，无毒，入心脾肾三经。功能可使心肾相交，健脾胃而宁心安神，并有助长女贞子的补肾之力。

牡蛎，味咸，性寒无毒，入肾经。火煅童便淬之，可固精、健骨、止汗。

山药，味甘性平，无毒，入心脾肾三经。功能益气长肌，安神退热，补脾补肾之上品。

诸药合用，重在健脾胃，脾胃旺则五谷化生血液，血足则气旺，肌肉也会壮实，筋得所养；补肾精，肾强固而添精髓。效果与第一方有相等之处。

如果以上二方都无法备足，还可以用更简单的一方，即用野蒺藜500克，炒去刺后，研为细末，练蜜做成细丸，每次服用3克或者6克。（注：古方中的10分为1钱；1分折合成现在的剂量单位为0.3克）

还有一方，就是用白茯苓一味，去净杂质及皮，研细末，每次用蜜水调服3克；或者用蜜练制成丸服用也可。古道家修炼之士们，喜欢用白茯苓浸入蜂蜜之中，数月之后取出食用，可以延年益寿。

还有一方，就是用朱砂一味，水飞去杂质后，每次服用0.9克，蜜水调下。这个方不可久服，它完全是用于兴奋人体中枢神经，强化人体气血运动速度。

解读到这里的时候，不得不特别提醒读者：本功药方来自古谱，虽然看起来都是些无毒中药，但编者没有亲自服用过，不知药效好坏；如有需要者，必须去中医院咨询医师后方可使用！切不可盲目乱服！

注意：练习本功，不用药也可练习！缓缓从事，不借药力，功到自然成！

（二）荡法药水方

【秘谱】

行功之时，先宜频荡洗法：用地骨皮、食盐煎水，乘热荡洗，则气血融和，肌肤舒畅。

盖所盐能补坚，功力易入；凉能散火，不致聚热。

或一日一洗，或二日一洗，以此为常，功成乃已。

【解析】

大凡练功之时的用药，有内服则必有外洗，内壮气血，而外强筋骨；内外同行，于练功中方保无虞。

最简便的方法，就是用地骨皮和食盐两味煎水，每次于练功前后，乘热荡洗全身。目的就是使气血融和，肌肤舒畅。

地骨皮乃除热之佳品，不但能清凉散火，解皮肤热毒，而且还有坚筋骨的功效。就是独此一味煎水洗手，也可作为练习铁砂掌的专方。佐以食盐，更具有解毒止痛的作用，而且食盐还有强筋健骨的效果，杀菌止痒之功。

易筋经每次揉功之后，均需用此方荡洗，最好每天洗一次，至少两日也要洗一次。只有这样，才能避免和祛除练功之伤，提高功效，保证功成。

六、初月行功法

【秘谱】

初揉之时，择少年童子数人，更番揉之。一取力小，揉推不重；一取少年血气壮盛。

未揉之先，服药一丸，药将化时，即行揉法，与药力一齐运行，乃得其妙。

揉时解襟仰卧，心下脐上，适当其中，按以一掌，自右向左，推而揉之。

徐徐往来，匀匀勿乱，掌勿离皮，亦勿游动，是为合法。

当揉之时，冥心内观，守中存想，勿忘勿逐，意不它驰，则神悉皆附注一掌之下，是为真正火候。若守中纯熟，推揉匀静，正揉之际，意不它往，竟能熟睡，更为得法，胜于醒守也。

如此行特约略一时为不能定，以大香二炷为则，早、午与晚，共行3次，日以为常。如少年火盛，只宜早晚二次，恐其火聚，或致它虞。

行功既毕，静睡片时，清醒而起，不妨应酬可也。

【解析】

前面的一切准备停当后，就可以正式进行易筋经的修炼了，修炼之初以"揉法"开始。

通常在练习的时候，要选儿童3～4人，让其轮番推揉。为什么要以儿童作揉功呢？第一是以其力小，推揉的时候不易伤及肌肉筋膜，而能达到恰到好处的效果；二是少年童子血气旺盛之故。

在未进入推揉之前，先服"内壮丸"一粒，待药力显现之际，即可操习揉法，使外揉之功与药力一齐运行，内壮筋骨血脉，外强皮肤肌肉。

揉的时候，应将衣服解开或脱掉，仰卧在床上，令儿童上前以掌按在心口与肚脐之中间（即胃脘腹部地方），自右向左，推而揉之。速度不快不慢，不能太轻而脱离皮肉，也不能太重而压着骨头，更不能到处乱加推揉按摩，这样才符合要求。（图1-1）

注：初揉选童是古传练法，不要照搬！自己想练此功，那就自己下手，既方便操作，又易控制轻重。

进入正式揉的时候，要排除杂念，聚精会神，神不外驰，意守所揉，专

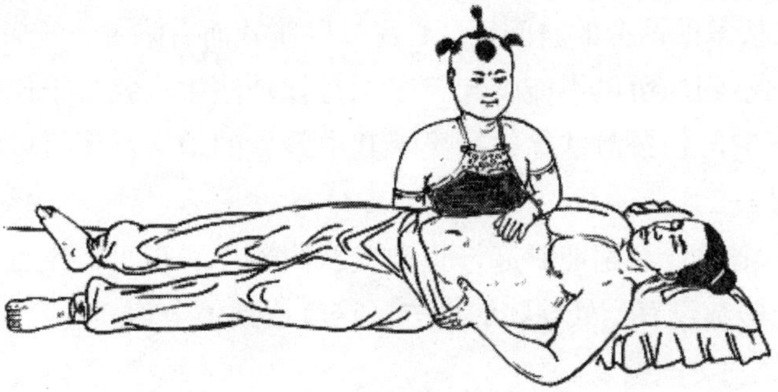

图1–1

心练功；但也不能死守不放，或者刻意加重、营造、追逐某种意念，因此增加不必要的心理负担，反为所累。做到这样的要求，精气神自然附注在揉摩之掌下，这才是合度的火候、真正的火候，方算真正的练法。

如果这个状态保持得好，揉着揉着竟能熟睡，更为得法，优于醒守。揉的时间一次大约需一个时辰。

揉功每天要在早、中、晚各做一次，每天坚持。如果青少年练习此功，因为阳火旺盛，只可早晚各练一次就行了。如果练习过于频繁，很可能导致一些意想不到的后果，健身不成，反致疾病。

揉功练习完毕之后，可静睡一会，一醒即起，不妨碍做事即可。

七、二月行功法

【秘谱】

初功一月，气已凝聚，胃觉宽大，其腹两旁，筋皆腾起，各宽寸余，用力努之，硬如木片，是有验也。

两胁之间，自心至脐，软而有陷，此则是膜较深于筋，掌揉不到，不能腾也。至于此时，于前揉处一掌之旁，各开一掌，仍为前法，徐徐揉之。其中软处，用木杵深深捣之，久则膜皆腾起，浮至于皮，与筋齐坚，至全无软陷，始为全功。

此揉、捣之功，亦惟二香，日行3次，以为常则，余仍应酬。

【解析】

第一个月的初步功完成，内气已经充盈团聚，自觉食欲很好，消化能力增强，腹部两侧有两条筋韧腾起，各有一寸多宽，如果将腹部努努气时，这两条筋便像木板一样坚硬。这就是初步效应的验证了。

然而，原来按掌的两旁的胁间、自心窝到肚脐软而有陷者，低深于筋下，这便是膜，掌揉不到，所以不能腾起。在二月行功法中，就要于原来所按一掌的两旁同时下掌，仍按前法徐徐揉摩。其中最软的地方，还可以配合木杵深深捣之。（图 1-2）

日久功深，则膜自然都能腾起，也向皮肤附着，看得见，摸得着，与筋同样坚实。使上腹部没有一处软陷的地方，这就达到了全功。

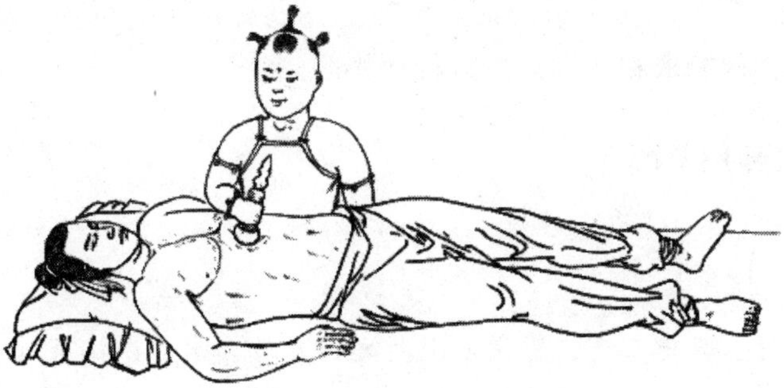

图 1–2

这一步的捣揉之功，每次也是一个时辰，每天仍按早、中、晚行功各一次，天天行功，寒暑不间，长期坚持。

每次练功之后，就可以做日常之事务，两不相误。

八、三月行功法

【秘谱】

功满两月，其间陷处，至此略起，乃用木槌，轻轻打之。两旁所揉各宽一掌处，都用木槌，如法捣之。

又，于其两旁，至两肋梢，各开一掌，如法揉之。亦唯二香，日行三次。

【解析】

做完两个月的功后，原所下陷之膜，因为按掌揉捣之功的锻炼，到这时候都略为隆起了。这时，可以用木槌轻轻捣打。两侧下掌的位置，也都可以用木槌按上法捣打。（图 1-3）

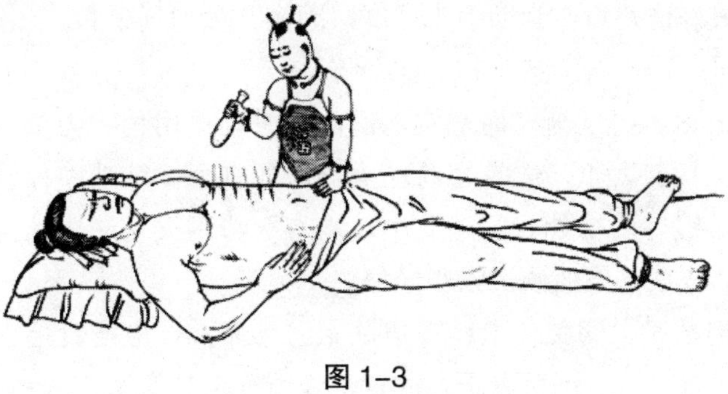

图 1–3

接下来，再于两掌所按两侧，即接近两肋处，稍微再各开一掌，按前述方法揉摩。其他要求和要领与二月行功相同。

九、四月行功法

【秘谱】

功满三月，其中三掌，皆用木槌打之；其外二掌，先捣后打。日行3次，俱准二香。

功逾百日，则气满筋坚，膜亦腾起，是为有验。

【解析】

练功满3个月后，前所按三掌的部位皆用槌打，后来所按的两掌部位用槌先捣后打。每次的时间和每天的次数跟前三段练法要求相同。如此行功超过100天之后，内气充满，筋也坚实，膜也腾起，这说明练功有了效验。

十、行功轻重法

【秘谱】

初行功时，以轻为主。尤宜童子，其力平也。

一月之后，其气渐坚，须用有力者，渐渐加重，乃是合宜。切勿太重，或致动火；切勿游移，或致伤皮。慎之！慎之！

【解析】

前四月的行功，必须遵循由轻至重渐次加力的方法。尤其是第一月更要以轻为主，最好请儿童作为助手来揉摩，因为儿童力气平和。（没有条件者，自己练习即可。）

一个月之后，内气渐充而坚实盈满，这时则可用稍大力量，渐次加重，方为合宜。但切勿太重，太重容易动火。火即神意，练功中神意乱动，被叫做走火。通常锻炼内功外壮的功法中，均有一势泻火功法，其目的是不使全身气血瘀滞、皮肤肌肉僵硬，畅和经络。

用木槌捣揉时，切勿使木槌在皮肤上游移摩擦，应当直上直下，否则容易伤损皮肤。这一点，练习者千万注意，谨慎行事！

十一、行功浅深法

【秘谱】

初行功用揉，取其浅也。此渐加力，是因气坚，而增其重，仍是浅也。次功用捣，取其深也。再次用之打，打外属浅，捣内属深。内外皆坚，方有得。

【解析】

开始行功用揉法，是取皮肤上下取浅。渐渐加力，是因为内气逐步充实，可以承受，虽力稍重，仍是取浅。然后用捣，方算得深入。以后再用打。打虽然属浅，但它有振动力，可以振动到皮肤深层。轻重渐进，揉、捣、打合用，可使中宫由外到内逐步坚实，才算达到行功的目的。

十二、两肘肋分内外功夫

【秘谱】

功逾百日，气已盈满，天地之间，充塞周遍，譬之涧水拍岸浮堤，稍加决导，则奔放之地，无处不到，不复在涧矣。当此时，切勿用意引入四肢，所揉之外，勿轻用槌杵捣打。略有引导，则入四肢，即成外勇，不复归来，不成内壮矣。

入内之法：乃用石袋，自从心口至两肋梢，骨肉之间，密密捣之，兼用揉法，并用打法。如是久之，则其所积充周之气，循循入骨，入骨有路，则不旁溢，始成内壮也。

内外两歧，于此分界，极宜审辨，不令中间稍有夹杂。若轻用引弓弩、拳敲打等势，一并其路，即趋于外，纵加多功，亦不入内矣。慎之！慎之！

【解析】

行功超过百日，内气充盈，就像涧水拍岸浮堤（水满则溢的道理），这时如果在涧边开了缺口，涧水就会到处奔流，而不在涧中了。行功到这时，切勿用意将内气引入四肢，当揉时就不能用捣打，不该行揉捣打的部位千万不用揉捣打。否则，在规定部位之外略有引导，内气就散于四肢，成为外壮之勇了。一旦流于外壮后，内气就不能复归骨内，所以不能成为内壮。

从古至今的练武人，多喜欢外壮而不喜欢练内，结果是高功不就，难臻佳境，且退功较快，这其实就是他们不了解内能壮外的道理；仅求外壮就是无水之源，外强而中干。

让气锻炼入内的方法是：做一个小布袋，装进石子，用石袋从心口沿两肋骨与腹肌交接的部位，密密擣之。兼用揉法和打法。（图 1-4、图 1-5）

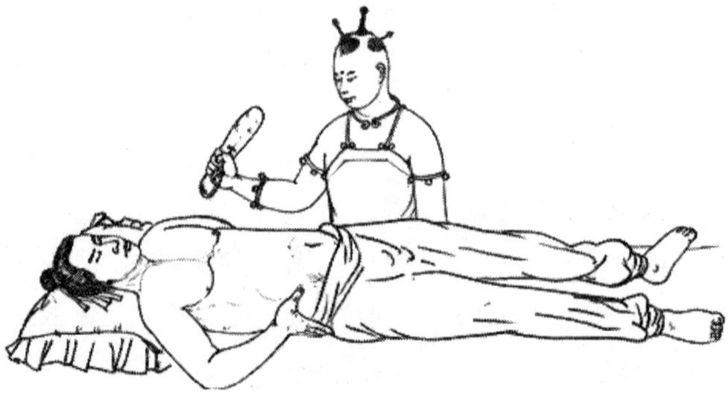

图 1–4

图 1–5

如此长久坚持，则原来积聚之内气便循行入骨。这种入骨法是循骨路而入的，入于内就不会外溢，才能够成为内壮。内壮和外勇的分别，就在这个要领上分辨。而这种分辨容易混淆，差之毫厘，便会谬之千里。如果这时再去进行勇猛刚烈的肢体训练，如拉硬弓、开强弩、拳敲打等，则气就会走行于外，永不能入内。这一点是练易筋经内壮之初必须注意的，再次提醒，不得疏忽！

十三、木槌木杵势

【秘谱】

木槌、木杵，皆用坚木为之，其最降香；其文楠、紫檀、花梨、白檀、铁梨，皆堪制用。

槌长一尺，圆围四寸，把细、顶粗。其粗之中处，略高少许，取其高处着肉，而其两头稍有间空，是为合势。

杵长一尺六寸，中径寸半，顶圆而微尖，即为合势。

【解析】

选好坚实木料后即制作木槌和木杵。

木槌长一尺，一端粗一端小，小的一端作手握柄，中部周圆（即圆周长）四寸，中粗，顶略细于中部。（图 1-6）

木杵长一尺六寸，中间圆球部位直径一寸五分，顶头圆球大于中部圆球，头圆尾尖。（图 1-7）

图 1-6

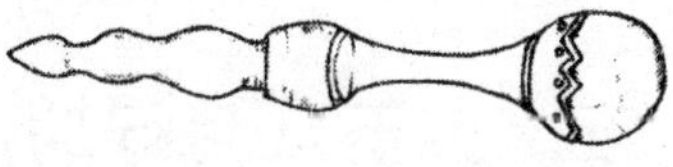

图 1-7

十四、石袋势

【秘谱】

木槌、木杵，用于肉处；骨缝之间，悉宜石袋。

石取圆洁，令无棱角，大如葡萄，小如榴子。生于水中者佳；山中者燥，燥能动火；土中者郁气不宣畅，皆不宜选。棱角尖硬，虑伤筋骨，皆不取也。

袋用细布缝作圆筒，如木杵形，圆其头，长约八寸，其次六寸，其次五寸；石用八两，其大一斤，其最大者二十两。分置袋中以指扣之，挨此扑打。久久骨缝之膜，皆坚壮也。

【解析】

木槌和木杵是在肉上用功的练功工具，骨缝之间不宜用木槌和木杵，宜用石袋扑打。

石袋中所装石子，一要圆滑无棱角，二要干净，大的以葡萄状、小的如石榴籽状为宜。选用石子以水中石子为佳，水中石子凉润无火气。山中石子含燥火，容易引起动火；土中石子性郁，使气不畅顺，这两类石子不可用。石子有棱角会伤筋骨，即使是产生于水中的也不可用。

石袋的制作：选细布缝成圆筒，有如木槌或木杵状，视情制作或大或小的。大的长约八寸；中等的长约六寸；小的长约五寸。石子的用法是小的 250 克，中者 500 克，大者 625 克。

使用之时，以手指扣住石袋，沿骨缝挨次扑打。（图 1-8）

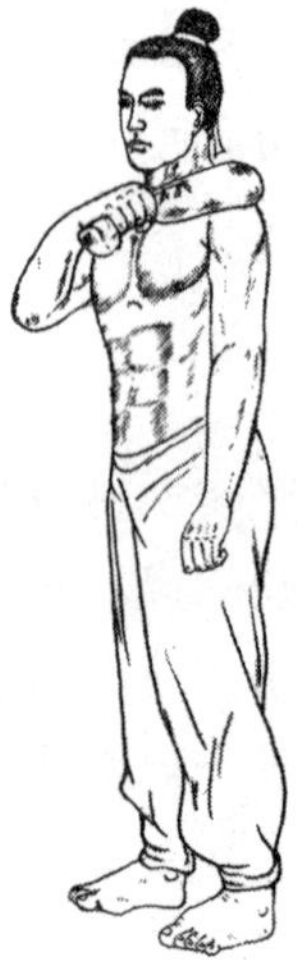

图 1-8

久久行之，骨缝之间的膜必能坚壮。

十五、五至八月行功法

【秘谱】

功逾百日，心下两旁至肋之梢，已用石袋打，而且揉矣。此处乃骨缝之交，内壮、外壮于此分界。

即于此时，不向外引，则其积气，向骨缝中行矣。气循打处，逐路而行，则自心口，打至于颈；又自肋梢，打至于肩。周而复始，不可倒行。

日行 3 次，其则六香，勿得间断。如是百日，则气充满前怀，任脉充满矣。

【解析】

功逾百日，就是功夫修炼了 100 天以上，4 个月是 120 天，到了这个时候，心口下的两旁与肋骨交接的自上到下整个部位，已经过石袋扑打和揉功操练。这些部位乃骨缝的交界处，内壮与外壮的功夫也以练法变化在此交界。

此时不要导引向外，那么所积之气就会向骨缝中行。气是根据打的路线运行，所以应自心口、循中线打至脖颈处。再由此中心点分别沿肋梢打至肩。（图 1-9、图 1-10）

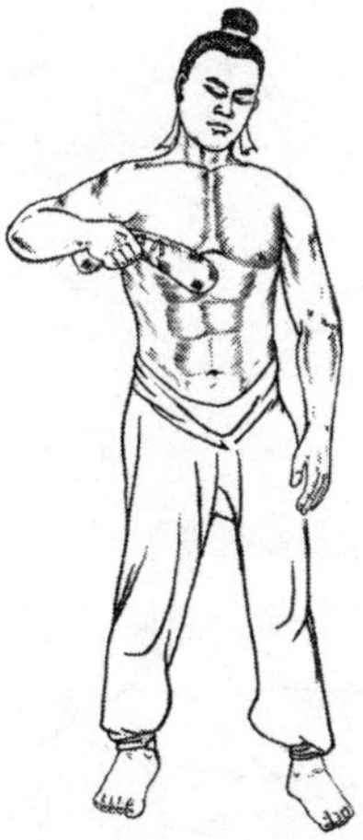

图 1-9

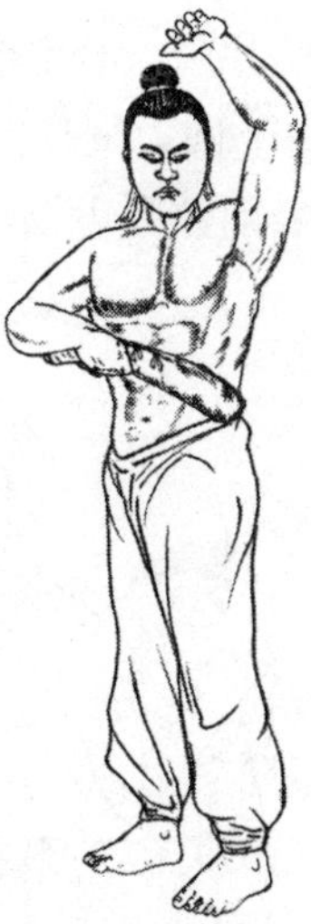

图 1-10

一遍过后，再重来一遍，周而复始，不可倒打。每天早晚 3 次，每次两小时，不得间断。如此再行百余日（4 个月左右），则气充满前怀，任脉气畅，功夫已有一半成功了（按通常所指的任督二脉修炼为准分的）。

十六、九至十二月行功法

【秘谱】

功至二百日，前怀气满，任脉充盛，宜运入脊后，以充督脉。

从前之气，已上肩颈。今自肩颈，照前打法，兼用揉法，上行至枕，中至夹背，下至尾闾，处处打之。周而复始，不可倒行。

脊旁软处，以掌揉之；或用槌杵，随便捣打。

日准六香，共行三次。或上或下，或左或右，揉打周遍，用手遍搓。

如此百日，气满齐，后能无病，督脉充满。

凡打一次，用手遍搓，令其均润，无滞无碍。

【解析】

当行功过 200 天以后，前怀气满充盈，任脉通畅，这就要运功于后脊，以充督脉。以前的揉打到达肩颈，现在就自肩颈仍用前面的打法，并兼用揉法，绕至脑后，从枕部开始，沿脊椎下夹脊，直至尾闾，挨次扑打。打下去一遍，再从头来，不许由下向上倒打。中线脊椎的打法一定要从上往下，而不能倒打。但脊椎之处的软陷部位则可以随便捣打。（图 1-11）

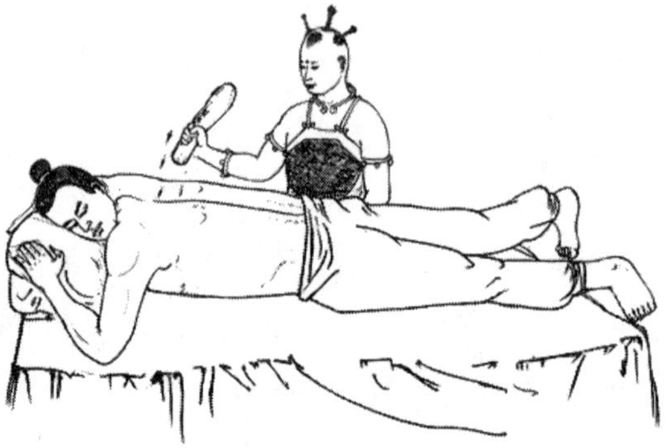

图 1–11

背后的打法重在通督脉。每天也按早、中、晚 3 次进行，每次 2 ～ 3 小时。每次或上或下、或左或右的打完一遍后，就要用手搓一遍，如此再行 100 天，气满脊椎后，督脉即通畅，百病尽消。这里要记住和掌握的要领是，每打完一遍必用手搓揉一遍，令其肌肉、皮肤、血脉匀润，而无气滞血瘀等不良后果。

十七、配合阴阳说

【秘谱】

天地一大阴阳也，相交而后万物生；人身一小阴阳也，阴阳自交而后能无百病，此亦阴阳互用之妙。内则气血交融，自然无病，无病则壮，其理分明。然功夫亦借阴阳交互之义，以外助盗天地万物之天机也。

凡行此功，始先却病。凡人之身，阳衰多患痿弱、虚惫等症，宜用童女或少妇三进气以助之；一云宜童女或少妇依法揉之，盖女子外阴而内阳，借取其阳，以助其衰，是为至理。

若阳盛阴衰者，多患火症，宜用童子三进气以消之；一云宜童子或少妇揉之，盖男子外阳而内阴，借其阴以制其盛，亦是元机，至于无病。

人行此功者，则从其便，若用童男童女相间行功，令阴阳和畅，更属妙理。

【解析】

天与地就是一个大的阴阳组合体，只有天地交泰，四时调和，风调雨顺，自然界的万物方能生长茂盛。应之于人，人身则是一小阴阳，阴阳平衡时人体自然就没有任何疾病，这就是阴阳相互协调的妙用。因为人是由阴阳不同的交变组合形成不同的个体，阴阳虽是不断地变化着，人却可以调节把握它。阴平阳秘时，体内气血畅通充盈，相交相融，人体就会自然无疾病，没有疾病时，身体自然坚壮，这种道理不用多作解释就会明白的。

关于功夫（易筋经）的修炼这个问题，也就是按照阴阳互动的道理，借助天地日月自然的气而调节身体，使之阴阳平衡而身体健壮的。

没得到对方的同意而强行拿取他人的东西叫盗。而秘谱中的“盗”字，不是贬义，而是含有通过常人忽略的秘密功夫而修炼取得的意思。不过，练功者所盗的，非金银财宝，也非江山社稷，而是汲取天地日月之精华，补充和强健人体。

人体内什么是阴阳呢？人体之阴阳即气血。

气之源头在中焦，由肺统领，对外能保护表层，对内则通过复杂漫长的血脉通道运化周身，一刻也不停止。气在身体中一出一入，一升一降，昼夜保持着平衡谐调。人能保持气的自然运化状态，怎么可能生病呢！

但是人们大多未注意这一点，致使七情六欲竭尽交织宣泄，各走极端，把气的平衡运化规律打乱了。这一打乱，许多气血的运行通道就被阻塞。因为阻塞，就使原有之气运行到某些部位受阻而积。因为积，清就慢慢变为浊，由此不可见的虚无变为有形的渣滓，造成病变因素，使体表失护卫而不能调和，使体内失去营养运化而不能谐调。

气的本性是阳性之物，如果强烈的积聚就会变成火。人身的炎症便是因为气受阻而成火的原因。

人身之中，气具护卫作用，血具营养运化作用。按医学理论，“营”是水与五谷之精华，有营造、营运、营养多种含义，它能调和五脏，将营养物分布于六腑，所以它能入于脉，故有血脉之说。气带领水谷的精华，生化于脾脏，受心的统御，归藏于肝，起动于肺，排泄于肾，由这种循环形成灌溉一身。眼睛得它的滋养就能视见，耳朵得到它的滋养就能聪听，手得到它的滋养就能捉握物体，脚得到它的滋养就能走路，脏得到它的滋养就能分泌液体营养物，腑得到它的滋养就能增强气化功能。总之，人的呼吸系统、消化系统、生殖系统、思维系统、排泄系统、循环系统等，都离不开它。

人在后天生存，要从食物中补充营养，所以旧的阴阳不断更换，新的阴阳不断生长，这些新营养物经液化呈红色，就叫血。血的运化通道是脉。脉中血充足则实，脉中血少则涩。气血兴旺，人体的主要脉络如同江河一般川流不息，生命力自然旺盛。气血衰竭，人体百脉如同大河无水小河也干涸，生命就显得虚衰，直至终止。因此可以说是，血盛人体就强盛，血弱人体就衰弱。血这种营养物，造成它旺盛是很难的，而要造成它亏损却很容易。

同时也要知道，气和血是互生互化的，二者都是平衡的相互调节相互补充的，凡有所偏，人体皆会出现疾病。

练习易筋经功夫之前，必须调平阴阳，祛除五脏六腑的一切疾病之后，才能修炼易筋经的，否则，不但不能是功夫有所收获；反之，还会损及本身之性命。

修炼之中，在人为的运化下，人体气血阴阳难免有所偏盛之弊，所以，要时时刻刻注意调节练功程序。

行揉功时，一旦出现阳气衰弱时，人体就会出现一些痿弱、虚惫的症状。这时最好是以童女或者少妇辅助揉摩，这是因为女子外阴而内阳，就人体本身而言就有阴有阳，只是所含层次不同而已，童女乃纯阴之体，以其双掌之阴柔揉之，可以取其阴极而阳的阳气助体之阳衰，这也是易筋经行揉功的至理妙诀。

如果是阳盛阴衰的人，多会出现一些上火的症状，这时就得选择童男或者少妇帮助揉摩，这是因为，男性属外阳而内阴，借其内阴以制其阳盛。这样的行功，可使元气壮旺，而且可以使练功过程中不会有任何的偏差疾病产生。

当然，身体健康的人修炼易筋经，在行揉摩功夫的时候，只要循序渐进，对于在旁帮助揉摩的人就可视自身处境而定，不一定强求以硬性的规定。如果在条件的允许情况下，有童男童女交替帮助其揉摩行功，会更加令其阴阳和畅，效果将会更加理想，比之独自揉摩，或单一的童子帮助更有事半功倍之效。

但最后还要再次提醒读者，此乃古传功夫，其形成有着特定的传统环境，我们现代人练功应取其精华，去其糟粕，与时俱进，所以此文中的阴阳配合法，我们只宜明白功理，自己练习，自己下手，或找自己人帮助；千万不能生搬硬套，刻意去找什么童男童女或男女配合，因此误入旁门左道，到时咎由自取，莫怪编者言之不预！切记！切记！

十八、百日禁忌

【秘谱】

此功以积气为主，而精神随之。勿多近内。初百日内，全宜禁之！

百日功毕，然后可进内。以后慎加保护，作壮之本，万勿浪用，珍之珍之！

若功成气坚，收放在我，顺施则人，逆施则神，非凡宝可论价值也。

【解析】

因为此功是以积气为主，精神也随气而积聚。精与神不能积聚，气也难积。其间要节制进内（性爱）。初功的100天，要杜绝进内。

100天过后可以进内。但要谨慎保守，不得放任。此精是化气之元，内壮之本，失而不复得，怎么能浪费呢！

如果大功告成了，气实精满，进内释放，不必介意，无损健康，此乃夫妇之道，因此男欢女爱，谓之“放”；如不进内，可用之练功，还精补脑，此乃修行之道，因此体如金刚，谓之“收”。可见，精气是无价之宝！

十九、内壮神勇

【秘谱】

壮有内、外，前唯言其分量，尚未究竟，此再明之。

自胁肋揉打之功，气入骨分，至令任督二脉气充遍满，前后交接矣。尚未见力，何以言勇？盖以气未到手也。

法用石袋，照前打之，先从右肩前打，依次打至右手中指之背；又从肩前打至大指、食指之背；又从肩后打至无名指、小指之背；又从肩里打至掌内大指、食指之梢；又从肩外打至掌内中指、无名指、小指之梢。

打毕，用手处处搓揉，令其匀和。日限六香，分行3次，时常荡洗，以疏气血。功满百日，其气始透，乃行左手，仍准前法，功亦百日。

至此，则骨中生出神力。久久加功，其臂、腕、指、掌迥异寻常，以意努之，硬如铁石。并其指，可贯牛腹；侧其掌，可断牛头；攀其拳，可碎虎脑。

【解析】

壮功有内外之分，前面虽将他们各自的分量作了区别介绍，然而未及透彻，这里再讲明白。

前面所言前胸后背的打揉之功，是使气入骨内，使任督二脉气满而流通，前后交接，形成循环。然而这还没有显现出力量，难以用于武技实战，因为气还没有到达手臂之上。所以此部功夫就是再在内壮上加功，完成神勇之境。

此部功法仍然是用石袋扑打。打法是：先从右臂开始，从肩部挨次打至中指之背；再从肩部打至大指之背；再从肩部打至食指之背；再按此法打至无名指背、小指之背。接下来，再从右肩里侧依次打至掌内大指、食指之梢；再转从肩外旋转打至掌内中指、无名指、小指之梢。（图 1-12、图 1-13）

右臂打毕后，用左手将右臂由上到下、由外到内，处处揉搓，令气血匀和。（图 1-14）

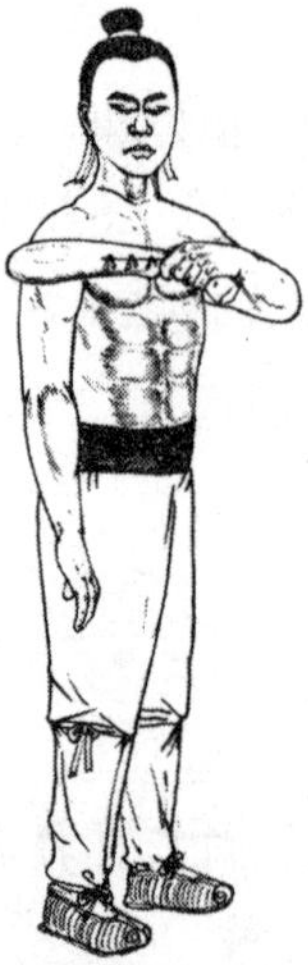

图 1-12

图 1-13

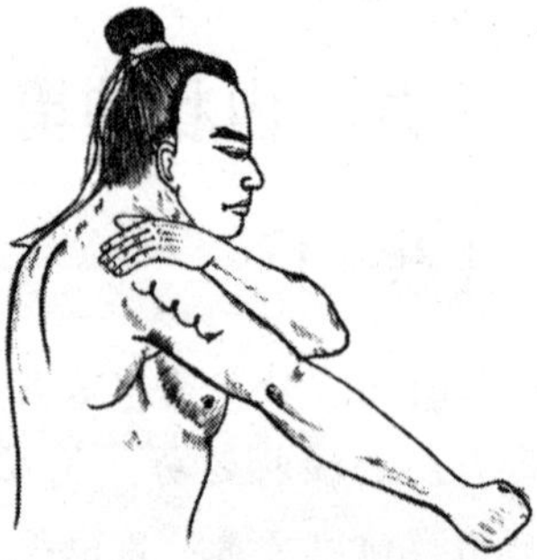

图 1-14

每天早、中、晚行功 3 次，每次 2 小时左右。完功后用前法药水烫洗，以疏通气血。右臂功要练习 100 天，气才通透。

后百天再做左臂功，方法要领与右臂功相同。（图 1-15 ～图 1-17）

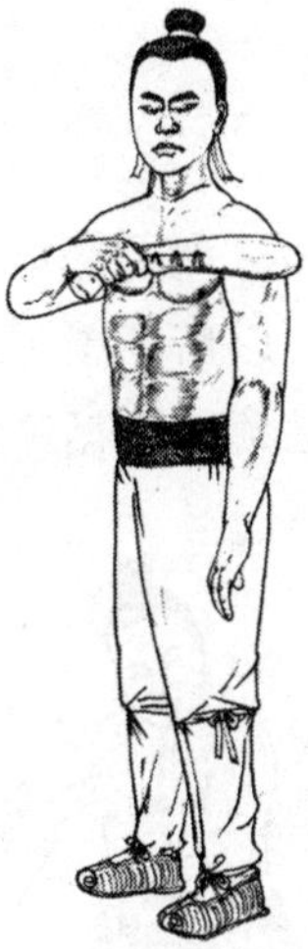

图 1–15

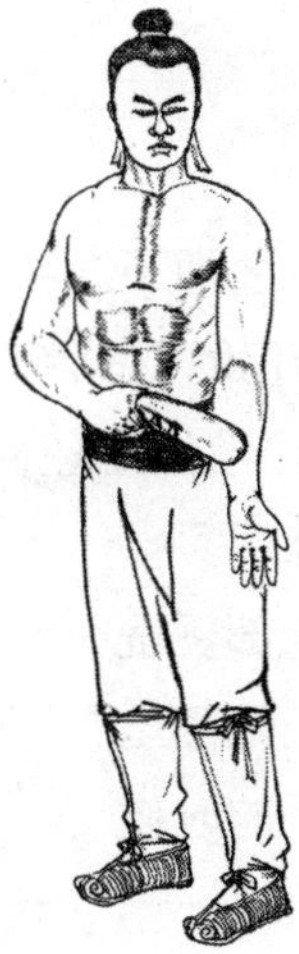

图 1–16

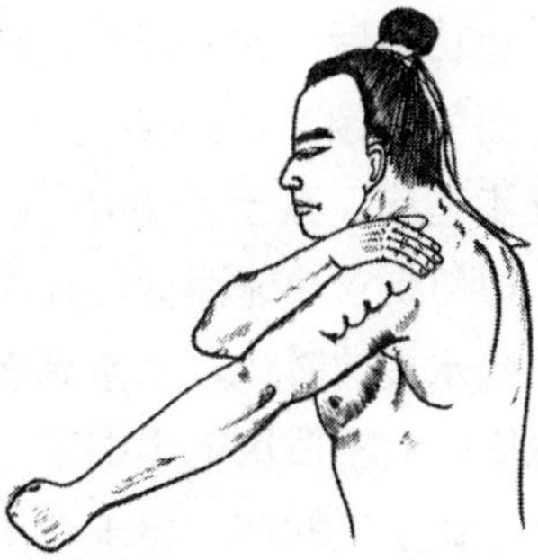

图 1–17

两臂功需两百天的揉打，才能从骨中生出神力。继续坚持修炼，则臂、腕、指、掌的功夫超乎寻常，令人惊奇，用意使力，手臂则硬如铁石。功夫高者，劲力神异，并拢剑指，可刺穿牛腹；侧掌劈下，可折断牛颈；举拳冲击，可击碎虎脑。

二十、练手余功

【秘谱】

练手之际，用功之后，常以药水频频荡洗。初温后热，最后大热；自掌至腕，皆令周遍。

荡毕勿拭，即乘热摆撒其掌，以至自干。摆撒之际，以意努气，至于指梢，是生力法。

又以黑、绿二豆，拌置斗中，以手插豆，不计遍数。一取荡洗，和其血气；一取二豆，能解火毒；一取磨砺，坚其筋骨，厚其皮肤。如此功久，则从前所积之气，行至于手，而力充矣。其皮内筋膜与骨相着，而不软动，浑元一体；如不用之时，与常人无异，用时任意一努，则坚如铁石，以之击挞，则人不能当。盖此力自骨中生出，与世俗所云外壮，迥不相同。

内外之分，看筋可辨：内壮者，其筋畅，其皮细腻，而力极重；若外壮者，其粗老，其掌与腕处之筋，悉皆蟠结，状如蚯蚓，浮于皮外，而其力虽多，惜无基矣。此内外之辨也。

【解析】

上述功毕后，余下来的就是练手之功了。练手之功法是：每日以药水（方药见前面的介绍）加热汤洗双手，开始以适宜温度为始，以后渐渐加热，双手也逐步适应，直至水能达到大热。当然，任何功夫都必须遵守循序渐进的法则，切勿妄求功速而烫伤皮肉筋脉。

用药水烫的时候，从掌到腕要全部烫洗到，洗毕以后不要用毛巾擦手，而是趁热甩摆双手，让手上的药水自干。甩摆手的时候要以意贯气，注劲指梢，是生力之法门。

接着，用黑豆、绿豆装入木桶或瓦缸中，双手轮流插豆，如此不计次数，力疲即止。（图 1-18）

图 1-18

这种练习之法，用药水烫洗在于和畅气血；配合插豆则在于去其手中之火毒，并能坚实筋骨，厚壮皮肤。行功日久，内气贯注于手，能生出异常勇力。这时皮肤筋膜，都能坚实地附着于骨，而浑元一体。平时双手看起来与常人无异，如果任意贯力，则坚硬犹如铁石。一旦临敌，用手击人，人莫能当，无不披靡。因为这种力是从骨中所生，与一般的外壮功夫有天壤之别。

内壮功夫与外壮功夫的区别，看人的双手就能分辨。内壮者，他的手上筋脉顺条，皮肤细腻，无筋暴起，一旦发力则沉实整重。外壮者，他的双手强壮、粗糙，甚而结茧，掌腕血脉暴起，筋韧盘节，像蚯蚓一般，如果发力，虽也刚猛，可惜后劲不足，缺乏灵变。这就是内壮与外壮的根本区别。

二十一、外壮神勇八段锦

【秘谱】

内壮既熟，骨力坚凝，然后可引达于外，盖以其根在于内；由内达外之功，概以八法：曰提、曰举、曰推、曰拉、曰揪、曰按、曰抓、曰拧。

依此八法，努气行之，各行一遍，周而复始，不计遍数。亦惟六香，日行3次。

久久成功，则力充于周身矣。

用时，照法取力，无不响应，骇人听闻！古所谓手托城闸，力抗举鼎，手格猛虎，拽舟于陆，挟舟而走，植鼈于风，窃舟于壑，俱非异事。

其八法，若逐字单行，以次相及，更为专精，任从其便。

【解析】

这里所说的外壮神勇八段锦，是建立在内壮功的基础之上。得了内壮功夫，骨力坚固，然后才可以将内功引达于外。建立在内壮功夫基础上的外壮神勇功力，概括起来有8种方法，也称为八段锦。

（一）提

即手提重物之意，练习方法有两种。

首先用单手抓握石锁，一般以25～50千克为度，蹲立马步桩进行提升，左右手轮流练习，次数自定。（图1-19）

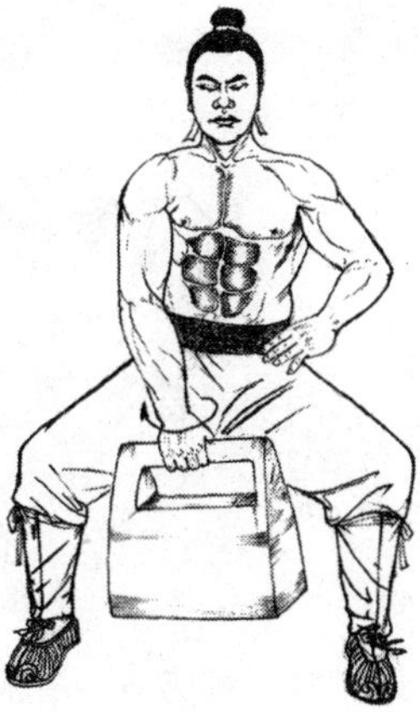

图 1–19

再一种就是双手提升杠铃（或石担）。方法是：开裆立，两手抓握杠铃提至腹部，以肘关节为轴，两臂屈伸。运动时，上体直立，腰部保持紧张。（图1-20、图1-21）

图 1–20

图 1–21

（二）举

即手举重物之意。练习方法多以双手抓握石担（或杠铃）进行上举。方法是：肩负杠铃，两脚开立与肩同宽，两腿屈膝下蹲，然后，以全身用力贯注双臂上举，双腿立起成马步，反复进行。（图 1-22、图 1-23）

图 1–22

图 1–23

另一种方法，先仰卧，两手握杠铃置于胸前，然后将杠铃举起，一收一举，反复进行。（图 1-24、图 1-25）

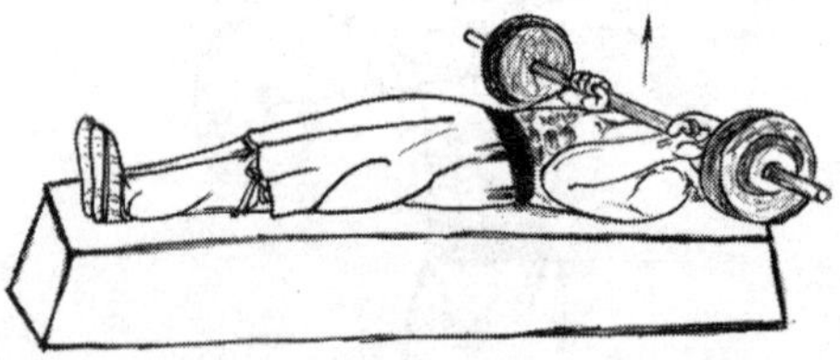

图 1–24

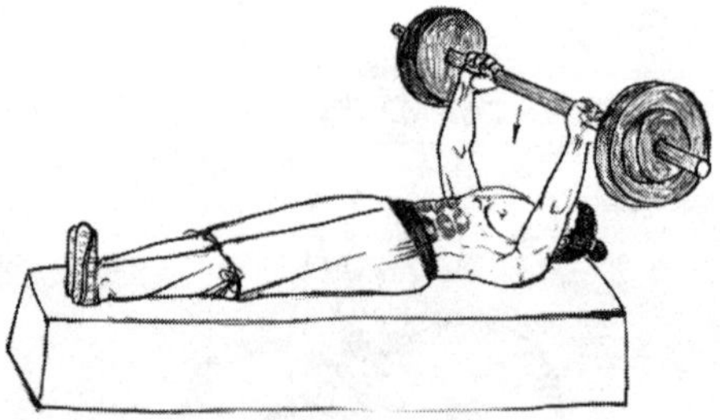

图 1–25

（三）推

即手推重物之法，方法分两种。

一是推砖。练习时，两手各持砖一块（或者一手抓握两块砖），屈肘置于胸前两侧，手心向上；两脚开立蹲成马步桩，挺胸塌腰，气沉丹田；接着，左、右手交替向前平推，反复进行。（图 1-26 ～图 1-28）

另一种练法是，双手抓握杠铃朝前一推一收，练习时身体不可摇晃，完全以两臂用力一收一推。（图 1-29）

图 1-26

图 1-27

图 1-28

图 1-29

（四）拉

即手拉重物之意。练习的方法有多种，古传多是手拉石轱辘、树干、竹弓、橡皮筋等，现在可使用 “拉力器”练习。总而言之，不论练习单手拉或是双手拉，其目的就是一个，锻炼手的拉拽力量。

民间还有一种特殊的拉功方法，在木柱上穿孔，横穿一根如手臂粗的木棒，一端固定一付五股拉力器（旧时用的是木弓或铁弓），练习者以单手抓扣木棒旋拧的同时再向后拉动木棒。这样的练习，基本上是一种模拟实战法。（图1-30）

图 1–30

（五）揪

练习指、腕的揪劲。可对石笋、石锁进行揪抓；或可以用粗细适度的木棒一根，楔入地下，地面余有一截，练习者用左右手对之进行反复的揪扯，直至一手随意即将木桩揪出地面为功。（图 1-31）

图 1–31

（六）按

是练习双掌及双臂的下按之劲。练习方法：传统方法多用一个高的桁架，上穿两根粗绳，一端固定三至四尺长的木棒一根，另一端各拴竹箩一个，内装石块，练习者以双掌按木棒，将竹筐升离地面，重量随功力的增加而加重。

另有一法是，用橡皮筋固定在一高架上，下端固定一横木，两掌扶横木下按之。每次的练习不限次数，均以力疲为止。（图 1-32）

（七）抓

传统练法中多以抓提沙袋为主，并从单人提接逐步进入双人抛扔接抓。

练习方法

1. 两脚开立，屈膝半蹲成马步；右手抓沙袋置于右大腿内侧，然后由下向上向左前方抛起；同时，左手屈肘向上将沙袋接住；然后再由左向下向后向右上抛起。（图 1-33 ～图 1-35）

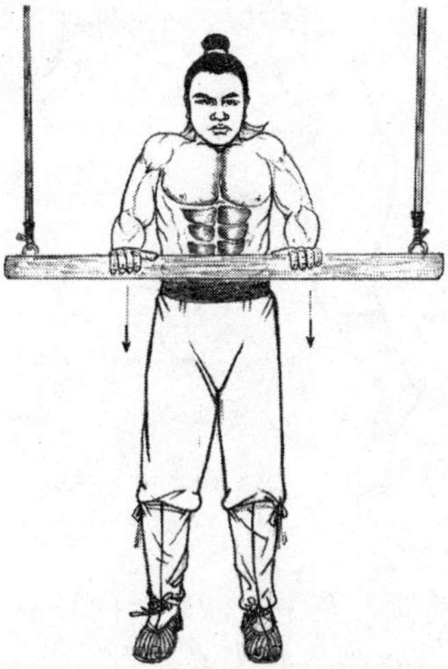

图 1–32

图 1–33

图 1–34

图 1–35

2. 右手接沙袋，然后从裆前经左胯下屈肘向左后上方抛起，随即左手向上接住沙袋。（图 1-36）

3. 接上势，左腿跨起，右手持沙袋绕左腿下侧向左前上方抛起，左腿遂下落置于原处；同时左手屈肘上举将沙袋接住；然后，右腿跨起，左手持沙袋绕右大腿下侧向右前上方抛起，右腿遂下落置于原处；同时右手屈肘向上接住沙袋。左右交替，反复进行。（图 1-37）

图 1-36

图 1-37

4. 接上势，屈膝半蹲成马步，上体前倾，左手持沙袋，向右前上方抛起，上体遂复原状；同时右手向上迎接沙袋；然后，上体再前倾，右手持沙袋下落于右大腿内侧，继做上述重复动作。（图 1-38、图 1-39）

图 1-38

图 1-39

【要点】

沙袋抛接要与呼吸配合，以气助力。沙袋抛起的高度，出手的速度，练习的次数，要循序渐进，逐步增加。沙袋的重量，也由轻到重，随着力量的增加、技术水平的提高，不断地增加其重量。一般重量由 1 ～ 20 千克不等。两人练习对抛的要点一样，变化动作可自定。

（八）拧

拧法的练习有多种，通常以拧卷千斤、拧木棒和拧石礤为主。

1. 取直径约 3 厘米、长约 30 厘米短棍一根，中间穿一小孔，用尼龙绳从小孔中穿过并拴牢，另一端拴在重物（石锁或竹筐）上，绳子长短因人而异；两手分握木棍两端，两臂前伸平举，左、右手依次向内拧转，将重物徐徐卷起；然后两手再向外拧转，慢慢将重物降下，反复进行。需要注意的是，卷放平稳，不宜忽快忽慢，重量随功力而加。（图 1-40）

2. 取直径 3 厘米、长 25 厘米短木棒一根，两手以不同的方法抓握短棍，向相反方向用力扭拧，扭拧时与呼吸配合，气宜下沉。（图 1-41、图 1-42）

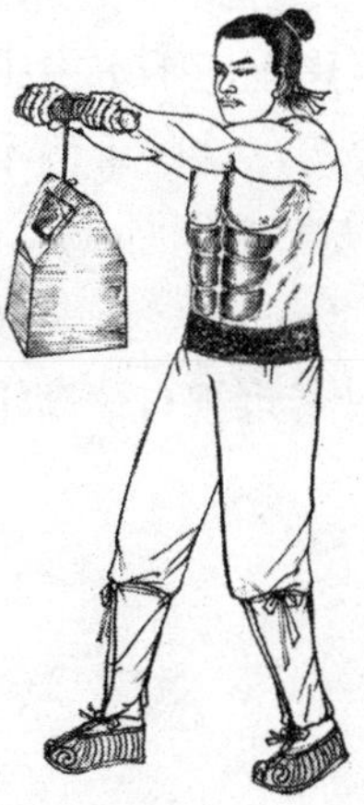

图 1-40

图 1-41

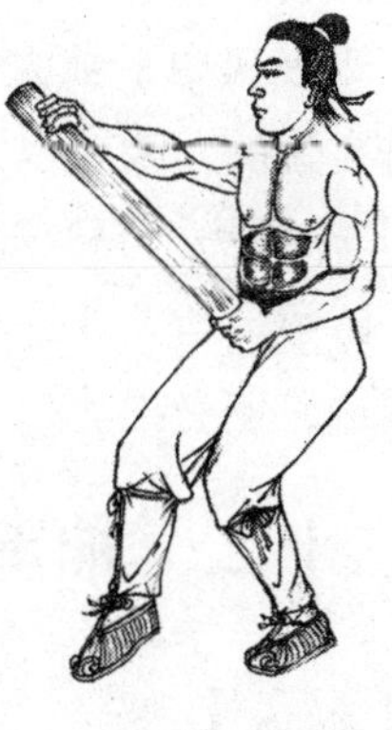

图 1-42

3. 用长约 1.3 米木棒一根，将一端穿在重 2.5 ～ 40 千克的石圆盘的中心孔固定牢。开步站立，右手握住木棒另一端，手心向上；左手经木棒下于右手下方缠抓住木棒，手心向下；左小臂外旋，向左向外拧转，圆盘滚至左前方，然后换右手拧转，反复进行。拧转时上肢与躯干要协调配合，完整一气，

气沉丹田。（图 1-43、图 1-44）

图 1-43

图 1-44

外壮神勇八段锦，每日行功 2 ～ 3 次，每次 2 小时。日积月累，坚持不懈，一旦功成，周身皆有无穷之力。实用时，无论用到 8 法中的任何一法，都会有惊人的功夫效应。

古代传说中，常有人空手搏虎，于河水中将舟拽拉至岸上，于水中推船而行，于狂风中手扯大氅而步不移，于沟壑中扛舟而行等等，这些事例不全是虚传妄说的，武功练到一定境界，必然是力大无穷，令人惊奇。

以上 8 法，可每法单练，循序渐进，练成一法，再练下一法，直至 8 法都一一练成，功夫必是一层比一层精专，直至全功告就。学者可视自情而定，练法自选，不必拘泥。

二十二、神勇余功

【秘谱】

内外两全，益称神勇。其功毕矣，以后常宜演练，勿轻放逸。

一择园林诸树之中，大且茂者，是得其本，取土、木相旺之意，与众殊也。暇时，即便至树所，任意行功，或槌，或托，或推，或拉、踢、拔，诸般技艺，任意为之。盖取其精气，又取努以生力，又取不假人功也。

一择山野挺立大石，秀润完好，殊于众者。时就其旁，亦行推、按种种字法，时常演之。盖木石实为天地之精英，金石之美润，实禀山川之灵秀，我能取之，是为有用。稽古大舜，与木石居，非漫然也。

【解析】

只有内壮和外壮的共同完成，功夫才可以算得上神勇。神勇具备以后，也要坚持不断练功，不能轻易间断。不过，以后练功不必像从前那么费时，而且那么严格，利用业余时间就行。

练功一方面可以选择在山林或园林的茂盛大树下，尤以四季常青、寿命最长的苍松翠柏为佳。这样可以得其木土旺相之气。人在树下，可利用树干锻炼 8 法中适宜的功夫，不分顺序，任意锻炼。

一方面选择山野中自然挺立的巨石，苍润秀洁者为佳，可于石上行推按踢压种种功夫。

这里提供一种练习方法仅作参考。

面对树干而立。（图 1-45）

1. 先以左掌或前臂向树干磕击；右掌屈肘置于右胁侧下方，掌心向上，虎口向外；目视左掌。（图 1-46）

左掌由左向右、向上画一立圆，以掌背或前臂外侧磕击树干，掌心向里，虎口向上；右掌不变，目视左掌。（图 1-47）

图 1-45　图 1-46　图 1-47

身体下蹲；左掌前臂内旋，由上、向下画一半圆磕击树干，掌心贴靠树干，

虎口向下；右掌不变，目视左掌。（图 1-48）

左掌屈肘收回，置于左肋侧下方，掌心向上，虎口向外；同时，身体略左转，重心上移，右掌或前臂向树干下部磕击；目视右掌。（图 1-49）

图 1-48

图 1-49

右掌由下向左、向上反掌用前臂磕击树干，掌背或前臂外侧贴靠树干，虎口向上；左掌不变；目视右掌。（图 1-50）

身体重心下移，右掌前臂内旋由上向下磕击树干，掌心贴靠树干，虎口向下；左掌不变，目视右掌。（图 1-51）

图 1-50

图 1-51

左、右各势交替反复进行练习，初练每次各 20 遍，逐渐增加。磕击时要防止受伤，先轻后重，逐渐增强力度，要以腰带肩，劲力完整，力达掌臂。

2. 在树干侧前方马步站立，左前臂外旋向树干磕击，掌心向上，虎口向外；右掌屈肘，置于胸部左侧下方，掌心向下，虎口向里，目视左掌。（图 1-52）

左脚外摆前顺，右脚里扣；左掌由上向下带压，置于左腿侧上方，掌心向里，虎口向前，右掌不变；同时，左肩前靠树干，目视树干。（图 1-53）

身体右后转；左脚回扣，右脚外摆；左掌臂内旋，置于右大腿内侧下方；右掌不变，同时，左胯向树干靠击，目视左胯处。（图 1-54）

图 1–52

图 1–53

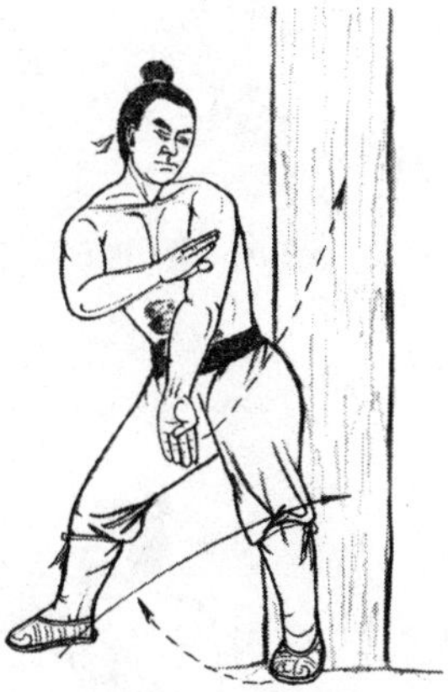
图 1–54

肩靠、胯击树干与身法要密切配合，以腰动带身动，以身动带肩、胯动，协调完整，一气呵成；力点准确，先轻后重，循序渐进，逐渐增强力度。

3. 使用扫、蹬、踹、撞等腿法和膝法，或使用手脚并用等各种技击方法组合在树干上进行功夫练习。（图 1-55 ～图 1-60）

图 1–55

图 1–56

图 1–57

图 1–58

图 1–59

图 1–60

以上为左势练法。然后，上右步左转身、右掌臂磕击树干即换成右势练法，要领相同，唯动作方向相反。

为什么提倡在茂木秀石上练功呢？因为优良的木石得自然界中和精华之灵气，人取了它们，对自身有滋补的大用。考证上古时代，像尧舜禹那些大圣贤，他们为什么常以木石而栖居，这并不是他们不懂得一般人的享乐，而是有其特别用意。

二十三、结　论

【秘谱】

此法不练不成，一练有即成，小练小成，大练大成，久练久成，永无退功。敝人世利益，孰能及此，或问行功之要，曰勇、智、仁：又曰信、耑、恒而已矣。

叹世人之学易筋经者，多如牛毛；成者，稀如麟角，非事之难成，或作或辍，或中道而止，或得而复失，或优游不断，职此故也。

闻，嘉庆年间，内府教师槠公，年近古稀，貌若少年，身如铁石，臂力千斤，驾五马之大车，一手握其轸，则车不能前；略后，则牲口倒退；或前推，则一驹扑倒；或举辕，则两轮离地。面不红，气不喘，嘻笑自若，是易筋之功也。

又，闽东俞文海，亦善此法，角艺擅气，爽如奔马，大刀、大石几石，强功舞举，博弈如戏，亦此之力。

凡行此功者，勇冠古今，身享遐龄，效验若此。

【解析】

只要对于此功勤修不殆，哪有不能成功的呢！易筋经功，不练就不用说，只要一练就有收获；小练就有小的收获，大练就会有大的收获，一旦修炼成功之后，就会永不退功。

人世间哪有练功能收获这么多的利和益呢？或问，达到如此境界，行功有什么不传之秘呢？实话对你说，就是勇、智、仁；勇，就是勇往直前而不退缩，对功夫的修炼时，所遇枯燥乏味和一切困难就会迎刃而解；智，就是科学地去练功，不能盲目，不要笨练，不可急于求成；仁者，修功时要保持一颗仁者之心。更具体一点的说，就是要对修炼易筋经这套功夫有坚定的信心、专心、恒心而已。

世间修炼易筋经的人为什么多得有如牛毛，数之不尽，可是真正修炼成功的却少得可怜，简直就像麟角一般难见！原因并不是这套功夫难练而没有人修炼成功，而是有的没有按持之以恒的规定去练，练了两天就停上几天；有的是练了一段时间觉得辛苦半途而弃；有的是练出一点功效之后不善保养而前功尽弃；有的则是持怀疑态度，对易筋经本身的功效不相信，修炼的时候心意不专一，如此等等，均是修炼易筋经没有成功的缘故。

听说，嘉庆年间，皇宫内务府的一位武术教师槠公，年近古稀，他的相貌却如少年，身体健壮如铁石一般，两臂的力量有千斤之巨。5匹马拉着的大车，他用一只手抓握住车后的横木，不论5匹马如何用力前奔，车却不能前移丝毫。楮公只要略朝后用力，5马立即稳足不住而倒退；或者向前一推力，马即会失去重心而仆倒；用力一提车辕，两轮就会离地而起；更神奇的是，他面不红，气不喘，谈笑自若！他身具如此神奇的功夫，就是因为修炼了易筋经！

还有，闽东的俞文海，他也是一位擅长易筋经的人，与人较技，其发力有如奔马般勇猛，无人可以匹敌！他能够舞动几百斤重大刀，扛举几百斤重大石，非常轻巧，就像玩耍游戏一般，令人惊叹，其实这都是练习易筋经后大力上身的缘故。

总而言之，凡是修炼易筋经功夫的人，一旦功成之后，其勇武神力，可冠绝古今；而且身体强壮，可延年益寿，而达寿极，“度百岁乃去”。足见易筋经效验是何等地绝妙超常啊！

下篇　甘凤池易筋经之增演篇

一、上三段功

【秘谱】

易筋之行功也，先立上三段功：首下焦，须以意注于丹田；行三月后，始行中焦功，须以意注气，左升右降；然后行上焦功，仍要以意注气，下行丹田。

肩要落窝，立脚要内八字，初立时，以一寸香为规；日增至四寸香为率，日行3次为要。

立过香后，血气盛旺，令童子轻揉人字骨下二寸许。三月后，揉开至两肋，名长搓。

然后，用球一个，周身乱滚，日行3次。

【解析】

易筋经的修炼之法，首先要以上三段功为基础。

什么是上三段呢？上三段就是人体三焦。按中医学对人体三焦的划分，心口以上至咽喉这一部分为上焦；心口以下至肚脐，即胃脘腹部为中焦；肚脐以下至裆部，即小腹部分为下焦。

《中藏经》曰："三焦者，人之三元之气也。总领五脏、六腑、营卫、经络、内外、左右、上下之气。三焦通，则内外、左右、上下皆通，其于周身灌体，和内调外，荣左养右，导上宣下，莫大于此也。"

上三段功夫当以练习下焦开始，下焦的练法就是意守丹田。

"丹田之位，上有黄庭，下有关元，前有幽阙，后有命门。" 古人认为丹田与人体生命活动的关系最为密切，是"性命之祖""生气之源""五脏六腑之本""十二经之根""阴阳之会""呼吸之门""水火交会之乡"，是真气升降开合的枢纽，是汇集、烹练、储存真气的重要部位。

意守丹田之所以成为练内功最重要的方法，是因为意守这地方，可以诱导思想集中，使大脑得到充分休息，且可调整呼吸，固精健身，增强内能，我们知道，只有脑清、肾健、气足，才可以祛除百病。

练习时，全身放松，排除杂念，精神集中；盘膝而坐，姿势端正，双目微闭，双肩下垂，不能塌腰，双手掌心朝天，结一手印，上下重叠（男左手在上，右手在下；女则反之），舌舐上腭，吸气时意想一股真气自百会穴缓缓进入并渐渐充盈丹田；然后呼气，呼气时意念微守丹田。初练时每次半小时，后逐渐延长。（图 2-1）

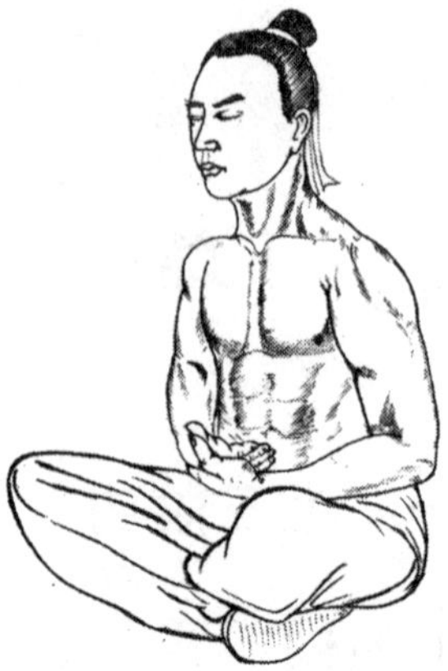

图 2–1

（一）三焦坐势功

1. 第一势

双盘坐好，上身端正，两手交叉，掌心朝天，以鼻吸气，同时两手自丹田上抬至胸前停住，使气凝聚于上焦，小腹凹下，胸腋凸起。（图 2-2）

2. 第二势

承接上势，气吸满后即呼气，同时双掌缓缓自胸前按压至小腹前，小腹随动作而向前凸，使气贯注于下焦。（图 2-3）

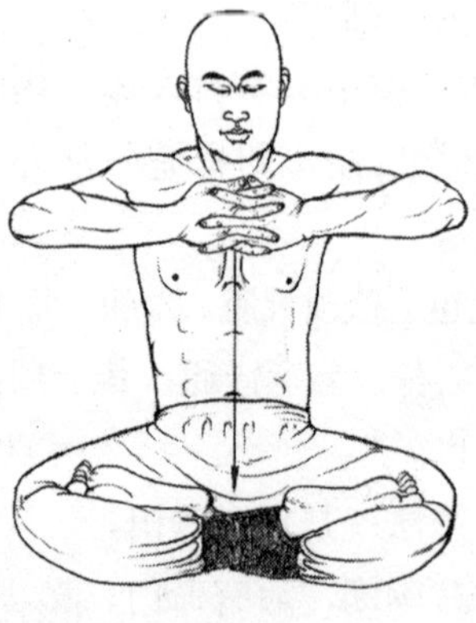

图 2–2

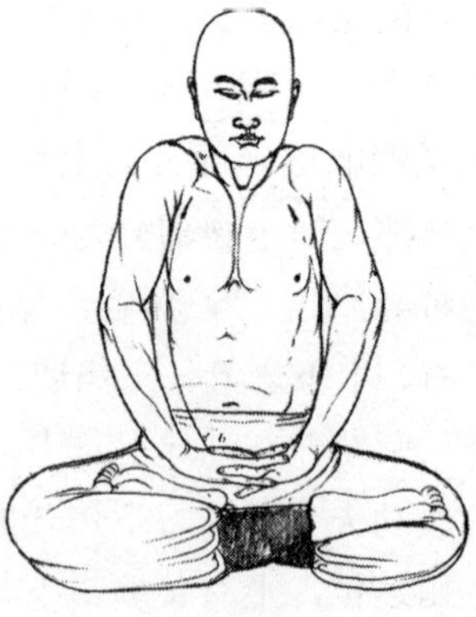

图 2–3

3. 第三势

承接上势，以鼻吸气，同时两手抱掌缓缓向胸前伸臂抬起，胃脘部也随之渐渐凸出，使气行运蓄于中焦部位。（图 2-4）

4. 第四势

接着，以鼻呼气，同时两掌分开，缓缓向左右展臂，使中焦气舒开畅，胸中开阔。（图 2-5）

图 2-4 侧面图

图 2-5

5. 第五势

承接上势，两手松开，叉指反背贴于后腰部，以鼻吸气，同时两掌翻转成掌心向下，缓缓下撑至尾骨下，小腹随之突凸，使气又由中焦沉至下焦。（图 2-6）

6. 第六势

承接上势，松手放回丹田前，仍呈抱掌状；以鼻呼气，同时双掌朝前缓缓抬臂而起，小腹凹陷，而胃脘中焦缓缓向外凸起，使气由下焦翻上入于中焦。（图 2-7）

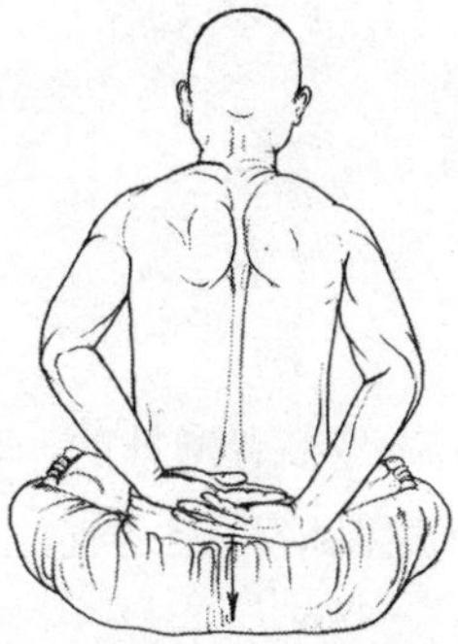

图 2-6 背面图

图 2-7 侧面图

7. 第七势

承接上势，其他姿势不变，唯将相抱双掌之小指伸出，同时用鼻吸气，小腹尽量内收，使中焦胃脘部尽量开阔凸起，使气贯满于中焦。（图 2-8）

8. 第八势

承接上势，以鼻缓缓呼气，同时两掌张开，徐徐展臂向左右分开，使气散注于中焦。（图 2-9）

9. 第九势

承接上势，以鼻吸气，同时两掌缓缓向头顶上举，收腹凸胸，使气又由中焦冲运于上焦。（图 2-10）

然后，缓缓放下双手，继从第一势做起。从第一势至第九势为一遍，按传统练功要求练习 9 遍为宜。

图 2-8 侧面图

图 2-9

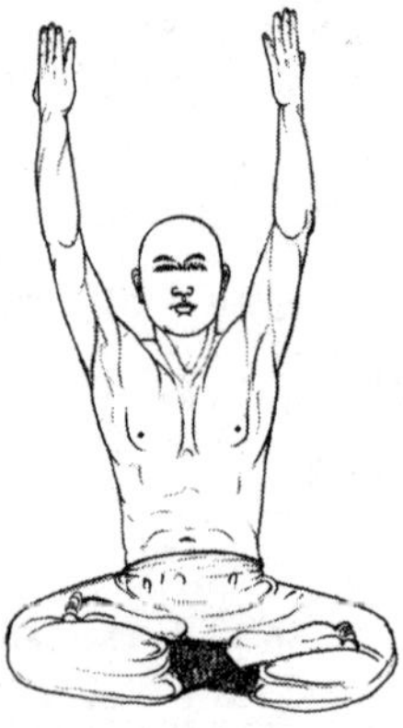

图 2-10

（二）三焦站势功

沉肩坠肘，两脚成内八字站立。

1. 练习下焦站势。（图 2-11）

2. 练习中焦站势。（图 2-12）

3. 练习上焦站势。（图 2-13）

注意：甘凤池易筋经古谱中讲的是站势；坐势是编者增补的，学者可选修。

站势与坐势的呼吸调练之法相同，先练下焦以培丹元之气，再行中焦、上焦，直至打通任督二脉。

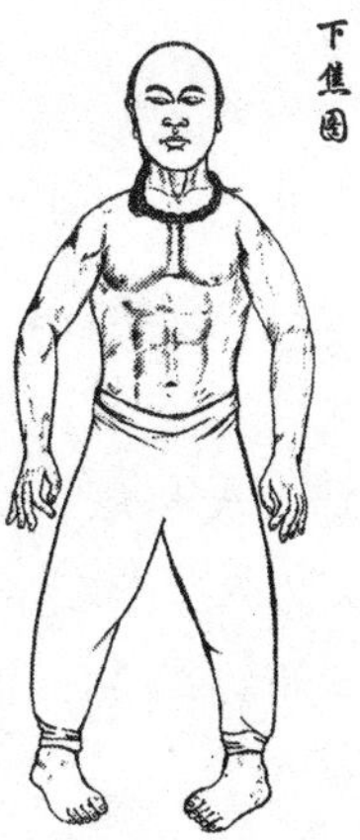

图 2-11

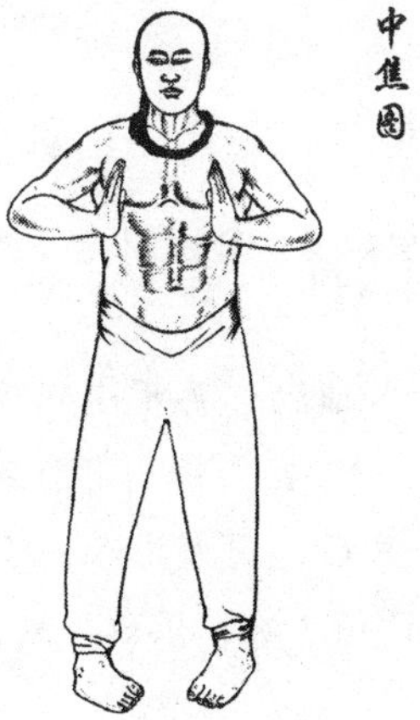

图 2-12

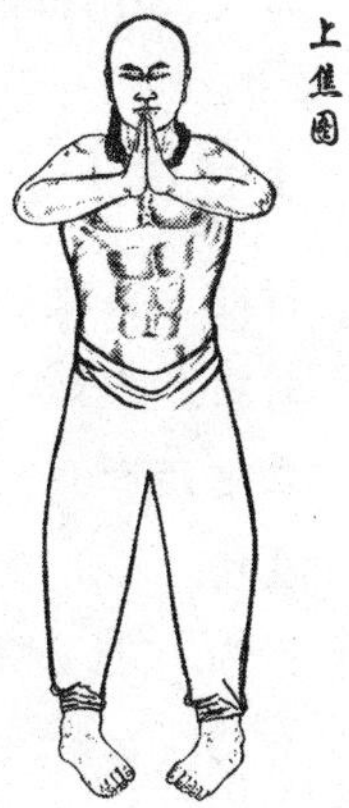

图 2-13

周天通行之后，人体自然会精神壮旺，气血充足，这个时候就可以让童子轻轻揉摩人字骨下二寸左右（即胃脘部位）的地方。（图 2-14）

此时所用童子以 8 ～ 11 岁为宜，因为行功之初，内力初具，只适宜于力量较小的童子揉摩，以腾其膜而不使筋膜受伤。

3 个月之后，揉摩的部位即可向两肋扩散，这种方法叫做“长搓”。（图 2-15）

练习长搓时，内膜已腾起，即可用 12 ～ 14 岁之少年揉摩，此时内力充盛，8 ～ 11 岁童子之揉摩力量显然不足，12 ～ 14 岁之少年力量恰如其分。

长搓之法练习 3 个月之后，就可以用木球 1 个，进行对全身滚揉，每天坚持练习 3 次。（图 2-16）

图 2-14

图 2-15

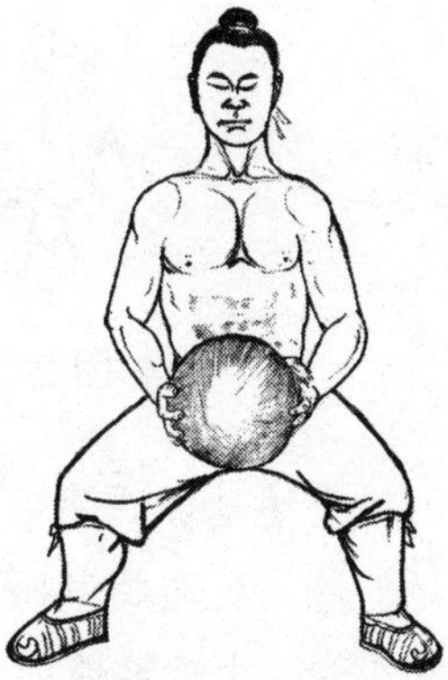

图 2-16

二、下四段功

【秘谱】

行过上三段功，接行下四段功。每段以意注气，逐节下行，以念口气为定。再换别段，亦如之。

立过后，用铅条于骨缝内细勤；再用小铅球、中铅球、大铅球、铅车，周身滚到；又用石子袋、降香槌、铅粉袋周身打到；又用大力人，于人字骨下，用力推36；推如是，行功一月后，用大力人，于人字下，用力蹈36；蹈过，用大力人，拳打人字骨下，日行3次，俱以香寸为定。

【解析】

上三段功练习之后，即可进入下四段功的练习。

两足并立，双手十指交叉、屈臂，举于头顶，手心朝下。动作定型后，用鼻深匀细长吸气，同时上身向左偏，聚气于胁肋。（图2-17）

接着，上身自腰处向右偏，闭息并运劲于两肋。（图2-18）

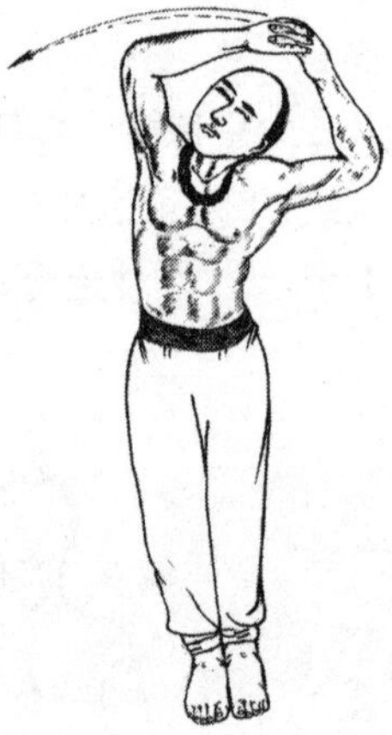

图2-17

图2-18

按上述动作，两手叉指屈臂于头顶不变，左右摇体闭息并运劲于胁肋，直至气闭不住时将其呼出。然后继续练习，次数可自定。整势动作中，两腿并立不变，十趾紧抓地面，上体的左右运动全以腰部（丹田）发力。

上势结束后，放下双手。然后，配合口呵气，同时两手伸臂、前俯上身，

两腿并立不动。手抻劲，腋生力，至腹部与地面平行时止。（图 2-19）

待气吸满，全身鼓胀；无法闭住时，双手猛地向臀后插下，挺胸昂头，口发“哈”字音将气吐出。（图 2-20）

反复行做，感觉全身内劲充足时，即可练习全身操打。

图 2-19

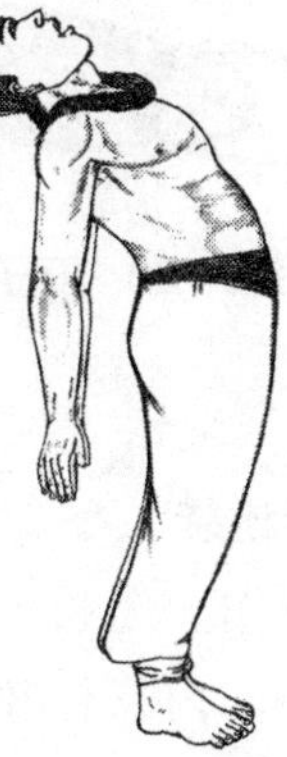

图 2-20

操打的练功工具分别如下。

（一）铅　球

铅球分别备齐 3 件，小型的 300 克、中型的 500 克、大型的 800 克。此用于滚身。（图 2-21）

（二）铅　车

用粗铁丝做成乒乓球拍状，再用铅饼串于其中即成，铅饼每只重 300 克。初以 5 只饼为宜，随功力的增加逐渐增多。此也用于滚身。（图 2-22）

图 2-21

图 2-22

（三）石子袋

用帆布缝制长一尺二寸、直径二寸的圆柱袋，内装石子，缝住口颈。用

来抡打。（图 2-23）

（四）降香槌

用长八寸、直径二寸的降香木制作而成，用来捶打。（图 2-24）

图 2-23　石子袋

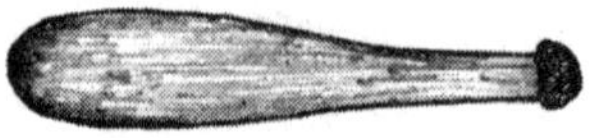

图 2-24　降香捶

（五）铅粉袋

用帆布制作一个长一尺二寸、直径二寸的圆柱袋，内盛铅粉 1.5 千克，然后扎紧袋口。（图 2-25）

图 2-25　铅粉袋

操打时，先用铅条揉击全身的每一处骨缝，再用小铅球、中铅球、大铅球、铅车，逐一替换将全身滚遍。继之用石子袋、降香槌、铅粉袋，对全身进行抡捶，操打用具应以功力的增加而更易，先石子袋，继之用降香槌，再则用铅粉袋。

拍打的时候，先行右侧，再行左侧，后背、头顶、裆、腹等逐一密密打遍。（图 2-26 ～图 2-34）

图 2-26

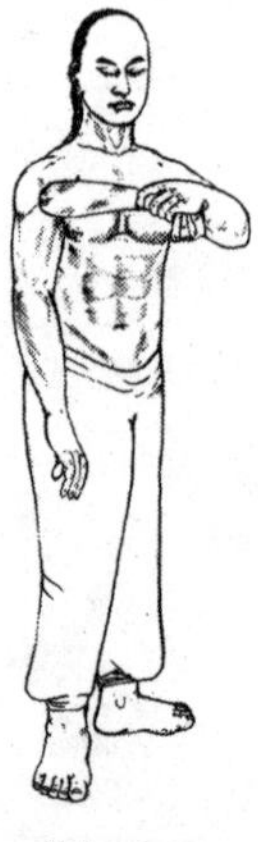

图 2-27

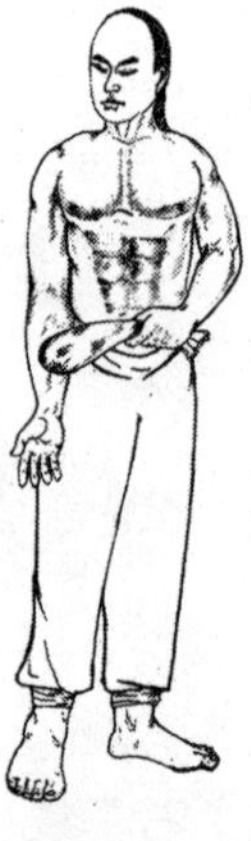

图 2-28

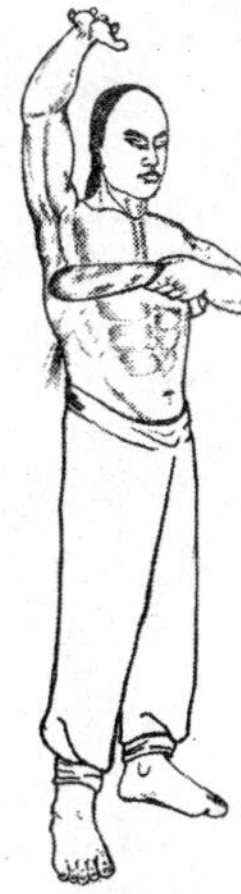

图 2-29

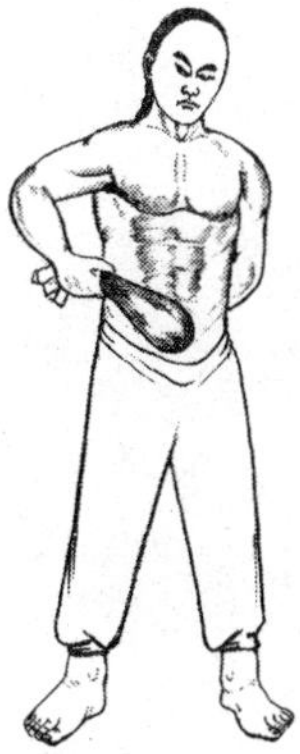

图 2-30

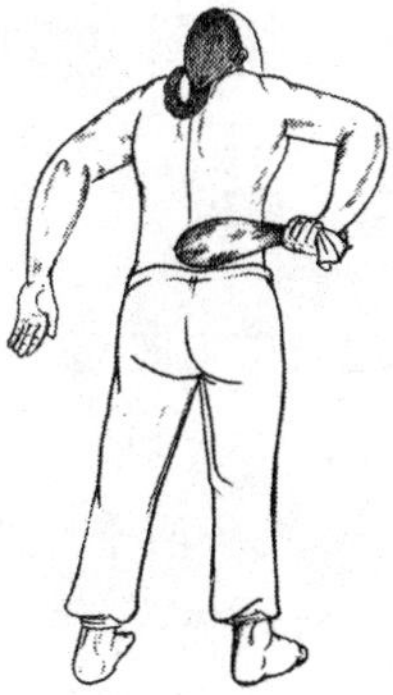

图 2-31

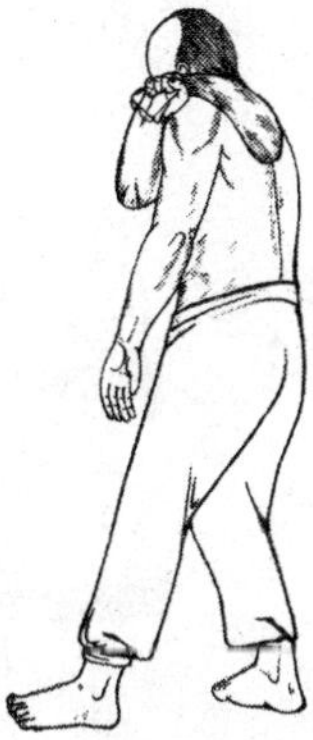

图 2-32

图 2-33

图 2-34

拍打完毕，再请力气较大的人，对人字骨以下的部位用力推揉 36 次。（图 2-35）

上述功法修炼一个月之后，从石子袋换至铅粉袋时，每次拍打完毕，即可仰躺于地，让力气大的人站在胸腹之上用力踩踏，上至锁骨，下至裆前。

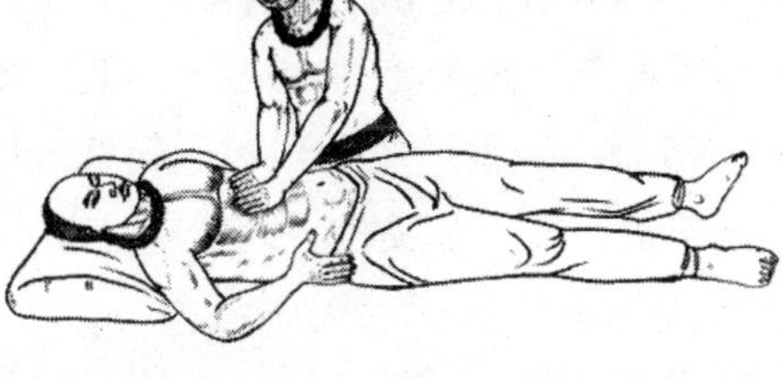

图 2-35

上下踩遍 36 次后，起身站立再让力气大的人用拳击打胃脘

胸腹，日行 3 次，每次以燃烧一寸香为记。（图 2-36）

图 2-36

三、练臂劲功

【秘谱】

行过上下七段功夫，再行臂劲。先右后左，次前劲，次后劲。

其法：先将两手交指，往上一振，徐徐成，功四势。

以一寸半香为定；行过，命大力人，用力绞其臂，推其彼，此殆经中所谓外壮之法也。

【解析】

在练完上三段和下四段共七段功夫之后，桶子的功夫已成，这时就需要对双臂进行练习。双臂的练习，不是练外壮的铁臂功，而是以内壮为主的臂劲功，与南派的桥手类似。

练习时，先右后左。坐、站均可，左手叉腰，吸气满胸后，右手臂自右腹肋向左、向上、向右侧方画弧挥臂而出，至右侧方时立臂，劲力注于小臂和手掌；同时配合鼻喷气助力。（图 2-37）

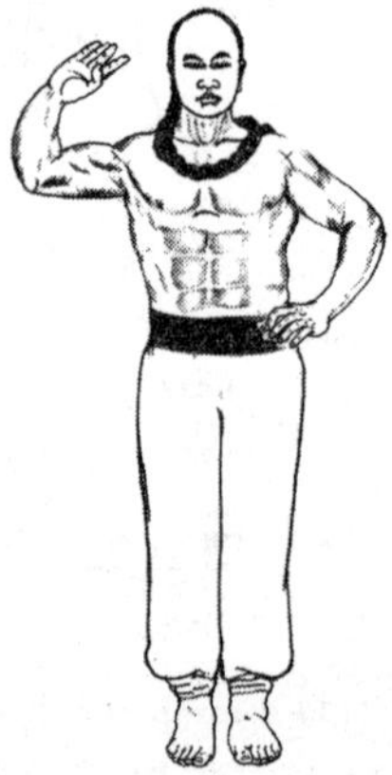
图 2-37

每次以体力而限，逐渐增加。行完右臂，就可以行做左臂，方法与要领同右臂练法。

挥臂之法练过之后，再行两脚并立，吸气的同时，两手握拳运劲向左右伸开，至臂伸尽时，运劲伸开十指；至气闭不住时收手呼气，反复练习 49 次。（图 2-38、图 2-39）

接着，两脚蹲成马步桩，两臂屈肘立于两侧，拳心相对，高于耳齐；吸气至满后，即以鼻喷气，两臂猛地朝左右弹开，同时将十指伸开。（图 2-40、图 2-41）

继之，吸气收臂还原成立肘，再喷气弹臂，共做 49 次。

上述之法行之过后，再请力气大的人来练习绞臂较力，以增其双臂的活劲。

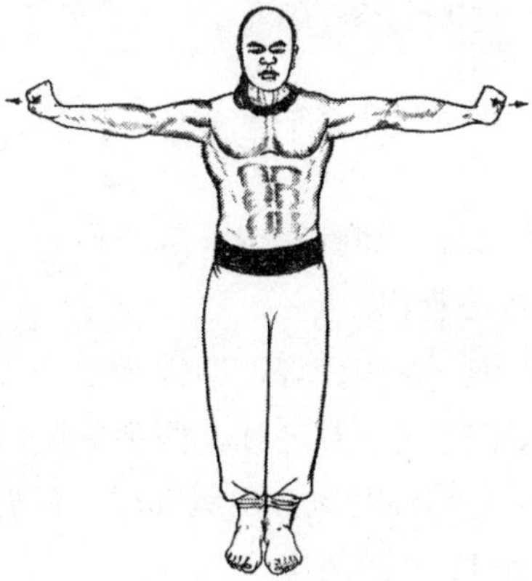

图 2-38

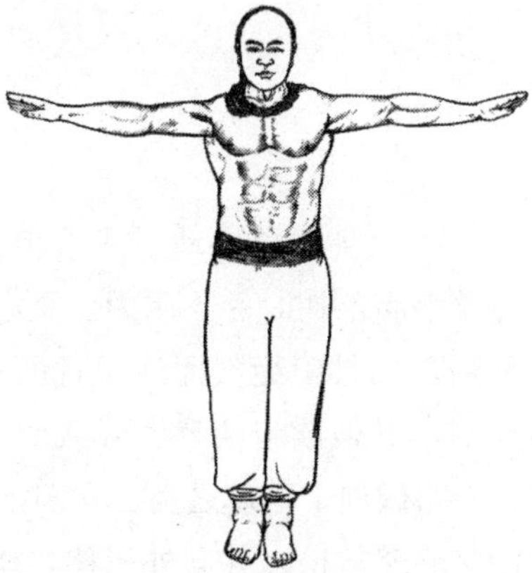

图 2-39

图 2-40

图 2-41

四、阴　功

【秘谱】

从练臂劲功之后，当行阴功之法。肾囊为人体最重要之物，睾丸又极嫩弱，稍受外力，极易破损，此一段功夫，乃专练收敛睾丸之法，即俗称之敛阴功。

初练时，睾丸必难随气升降，练习稍久，即易活动，反较运气于肩背等功易为收效；因肾囊为筋络所组成，中空而连接于小腹，与丹田相距甚近，故气力易于运达。待练习既久，睾丸自能随气升降。此功练成，人纵取我下部而制我之命，亦无从下手。

【解析】

臂劲练成之后，人体还有一处弱点，那就是裆部。裆部功法的操练，就是阴功之法。

坐定，上身切忌摇动，两手相合，交叉十指，翻腕向内，掌心向内，以掌心捧着小腹。初时并不用力，冥心存念，意注丹田。

然后，由丹田运气而注于肾囊以活动睾丸。停顿少许，即提气上升，以回至丹田，做似欲将两睾丸吸入腹中之想。在提气上升之际，两手掌同时渐渐用力，略做向上摩起之势，即向上按摩之势。略停片刻，便运气注于肾囊，此时两掌略略放松，并向外稍移。如此升降各 12 度而功毕。

五、打通关

【秘谱】

打通关之说，使气息从丹田流转，此三心合一图之所以设也。

【解析】

打通关在武术界有两种说法。

一说是紧接“敛阴功”之后练习，以使气息在丹田内部流转，强化丹田内气。此种练法又名“三心合一功”，可惜甘凤池易筋经秘谱中没有详细练法，仅有略图。（图 2-42、图 2-43）

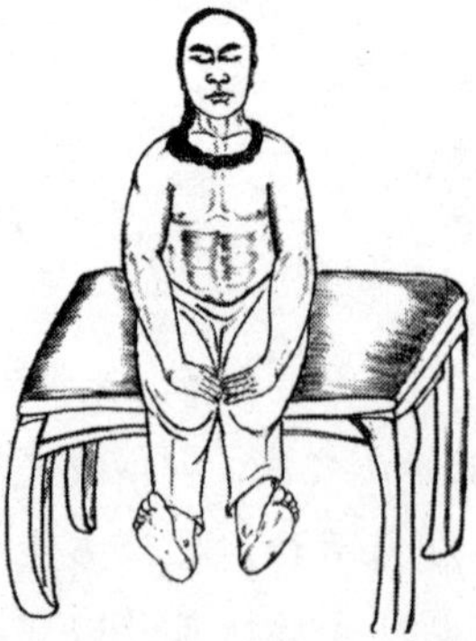

图 2-42

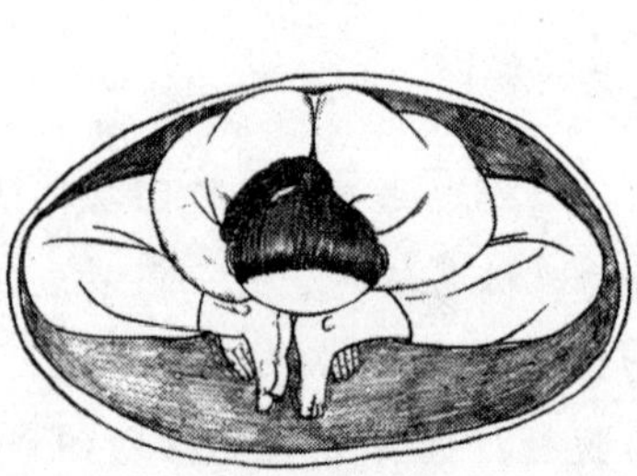

图 2-43

另一说是指内功的“大小周天功”，意领气走，气随意行，使内气贯通大小周天。此功没有高人指点也不易练成，仅略述之。

（1）小周天行功：呼气，将丹田之气向下沉入会阴；吸气，将会阴之气经长强沿督脉上经命门、中枢、大椎、后枕，至头顶百会穴；呼气，引百会气向前经印堂、人中、天突、膻中、中脘，向下降至丹田。如此为小周天运行。

（2）大周天行功：呼气，将丹田之气沿两足三阳经向下降至脚心；吸气，将涌泉之气沿两足三阴经向上提至会阴穴；然后呼气，换一口；吸气，气分两支沿两耳后向下经两手三阳经至十指尖之井穴；吸气，将井穴之气沿手三阴经上提至天突穴会合；呼气，将天突穴之气向下降至丹田。如此为大周天运行。

六、运气法

【秘谱】

其法，用意蓄气周身。初立运之，挺直，上彻，顶踵，无懈骨，拳肱指掌出，两足齐踵，相去数寸，立定，两手从上如按物难下状，几至地，转腕，从下托物如难上状，过两肋、头顶，手直，又如扳物难下状，至肩，转腕掌向外微拳之，则拳肱立如初。

次，拳根肱开向后者，三令气不匿膺间也，舒右肱如拦物之状，欲右者，以左逮于左手之爪相向也，如将及之，则左手撑而极左；右手却扯而却右，左射引满，右肱拳如初，则舒左肱拦之与右手相向，右手撑左手扯，且满如右法。左右互者，各三之，则拳肱立如初。

左手下附左外踝，踝掌竞劲相切也。则以右手腕推植物，使左倾矣。顾拽之使右倚肩际，如是者三，则右手下附以左手推拽之，如是右法亦3次，则卷两肱，立如初。

平肱如掇重举之势，极则扳之乳旁，而拳握固腹左右间，不可附腹，高下视脐。

臂、右拳扼肩旁，如强物至左外足踵转腕托上，托尽而肱右植则扳而至右肩脊，拳之反拳蓄右腰眼，左右互者各三之。

徐张后，两拳而前交叉指，上举势极则转腕举者，掌下指上扳者，掌上指下也。又掌上拱首顶，自撑腋下皆卓焉。就头势倒而左几至左足仆地，以前势起，倒而右，左右互者，各三之。凡人左倒，左膝微屈，不屈者合法。

取温盐汤濯右手掌背，濡之横挥之而燥，则濯右手，左右互者各三之。

自是两肱不复拳，乃蹬右足数十；左如之，蹬以踵，或抵之，缩以趾，或绊之，则屹立，举踵顿地数十。

已而，两足蹬立，相去以尺，乃挥左拳击数十；右如之。

乃仰卧，拳、肱如立时状，作振臂欲起者，数十次。

凡用势，左右必以脊；凡蓄气，必迄其功；凡功行，必微饮后及食后一时行之。

时以拳，遍身槌打；毋使气，有所不悉时。张五指，捣户壁，凡按久，而木石附声者焉。

坐，屈肘上之去拳前支；卧，必侧面上手拳而杵席。坐卧各因其左右，其拳皆握固。

凡学垒家之始，必先以立步、身法为主。若坚固身法，生活则势稳为泰山，足趾抓地，势劲力猛，犹虎下山之势；头贵埋，身要硬健，手贵活，脚要坚固，四肢着力，自觉精神百倍矣。最忌者，身歪脚吊，露肘弯腰。

惟举手不离七孔，埋伏身，势随机变，脚不离坐胯，两膝钳立，则丁不丁，八不八，手进脚进，七分出入变化，生活爽快，缠丝为主，坐胯为要。依法磨练，方成一家，精熟生巧，迅速如电。

学打三年，不如真传一诀；学势千步，一熟为先。凡学者，则选贤明，讲究真诀；若打不明，讲不清，身前心缩不胜人，所谓“习打无师，终身有误”，可不慎哉。

【解析】

1. 两腿适度开立，两足尖外摆成八字，挺膝聚力，全身不能有松懈，两臂下伸，十指伸直；以鼻吸气的同时，两掌聚力适度提起并翻成掌心向下，有如按住两根木桩，运劲缓缓将之按入泥土中，上身下俯，两腿尽力挺直；待两掌接近地面时，用鼻将吸满之气缓缓呼出，此时的两手不能松劲。（图2-44～图2-46）

然后，以鼻均匀细长吸气，同时两手翻转成掌心向上，有如托住千斤重石，缓缓托起；至肩前时，指掌再分别外旋转腕向上，仍然托起，直至两臂伸开时，两掌将力守住，用鼻将吸满之气缓缓呼出。（图2-47）

随后，以鼻吸气，同时两掌有如将千斤重物拉下之意，将两手拉至两肩际；再扣指握拳转腕向下弧形收至腰际两侧；最后用鼻将吸满之气缓缓呼出。（图

2-48、图 2-49）

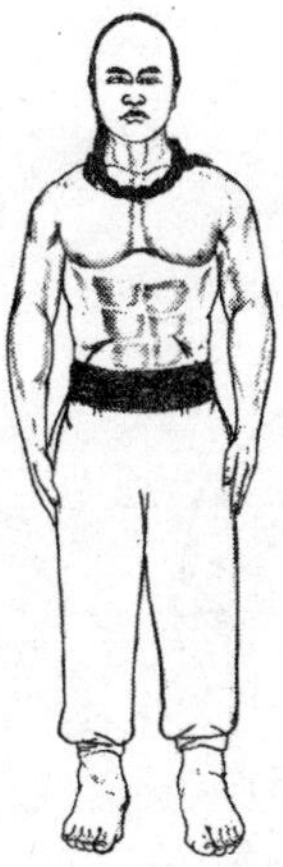

图 2-44

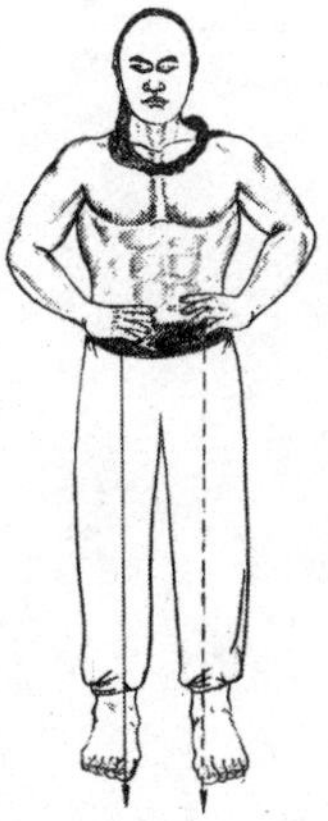

图 2-45

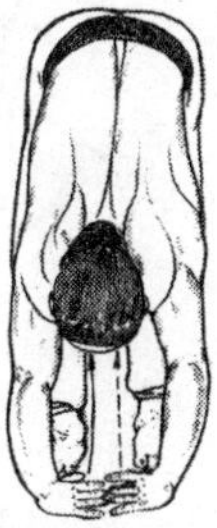

图 2-46

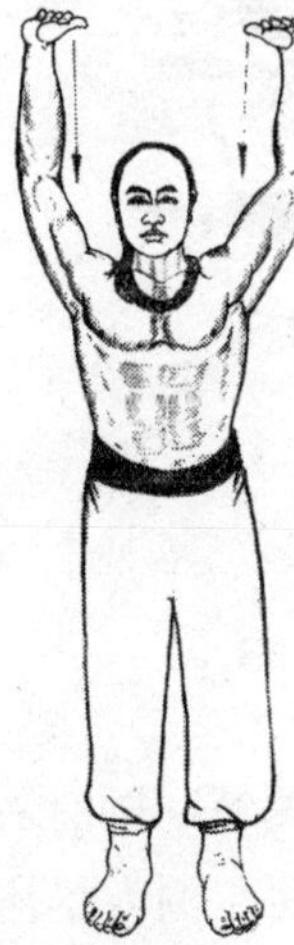

图 2-47

图 2-48

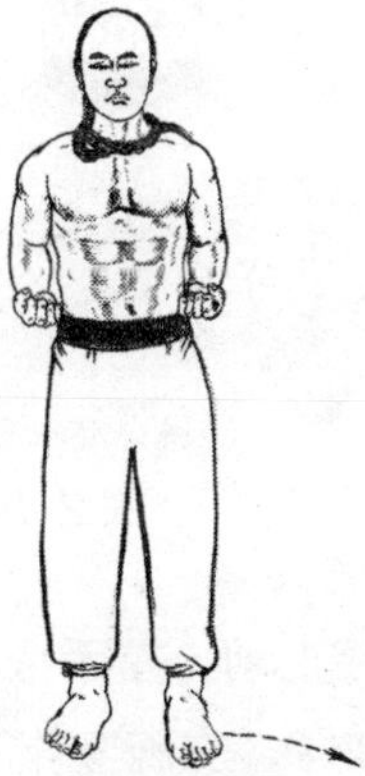

图 2-49

2. 两腿展开比肩略宽，站立成开裆势，随吸气的同时，两手用劲握拳，拳眼对大胯，然后用力缓缓屈臂抬起至胸前，拳心对胸，接着两腿下蹲成马步，左拳内旋劲翻指成虎爪状；上体向左旋转的同时，左手朝左侧前方推出，右拳用力后拉，两臂之力有如拉弓的动作；直至左臂撑直时，右拳于右肩腋前守住；左手再内旋腕扣指握拳随鼻呼气向内拉至胸前，上体摆正成两拳相

对抱于胸前。（图 2-50 ～ 53）

接着，做右侧动作，方法要领与左手相同，唯动作相反。

图 2-50

图 2-51

图 2-52

图 2-53

3. 接上动，左手成掌随吸气下俯身，左手抓握左踝关节，同时右手伸掌向右外展臂，立腕竖指；至臂伸直后，继之右手经胸前朝左侧方推出，至极而止。（图 2-54、图 2-55）

然后，右手握拳扣紧收落，继之伸指握住右脚踝关节，左手握住右腕；将气呼出后，左手随吸气伸掌指向左侧外展至极限，再向内经胸前朝右侧方推出，至极而止。然后松体、松手，起立呼气，抱拳于腰际。（图 2-56 ～图 2-59）

上述动作左右交替各行做 3 遍，下俯身时，两膝始终保持挺直，在动作中全身用劲绷紧，直至行完一次动作呼气时才放松全身。

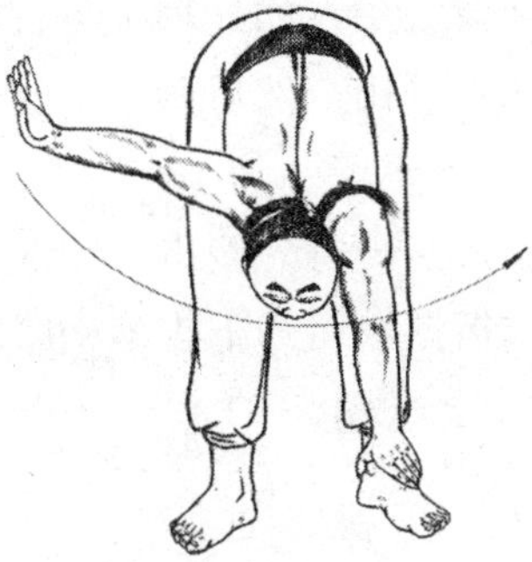

图 2–54

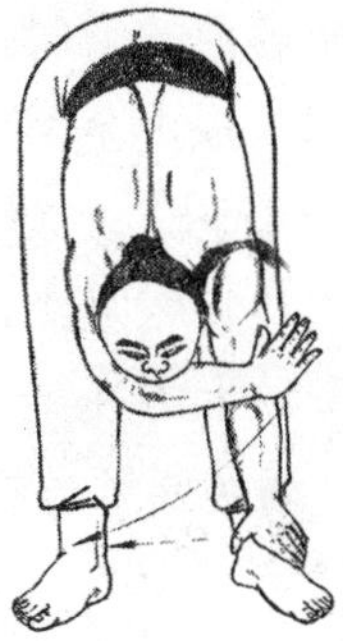

图 2–55

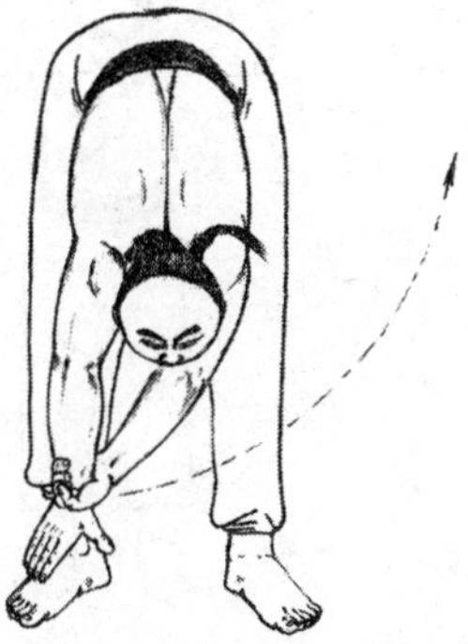

图 2–56

图 2–57

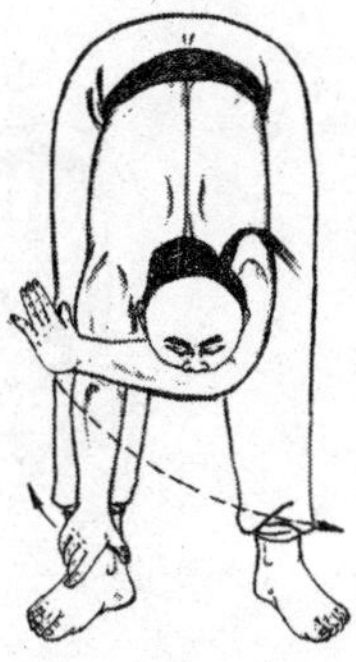

图 2–58

图 2–59

4. 按上势站立，两手垂臂于体侧，随吸气的同时，两手握拳自两侧如提千斤重物；至肩前立臂时，张开五指成掌，伸臂上举，如托塌下重物状；继之两拳臂向内下扳，至两乳前停住，将气吞咽入丹田；然后两拳下收，抱于腰际，徐徐将气呼出。（图 2-60 ～图 2-63）

接着，用鼻将气吸满，起右拳振臂发力，向左脚背外侧击下；继伸张旋腕转掌，向头顶上方托举；至肘臂伸开时，扣指握拳运劲下收抱于腰际。然后行做左手，动作要领与右手相同，唯动作相反。（图 2-64 ～图 2-68）

图 2-60

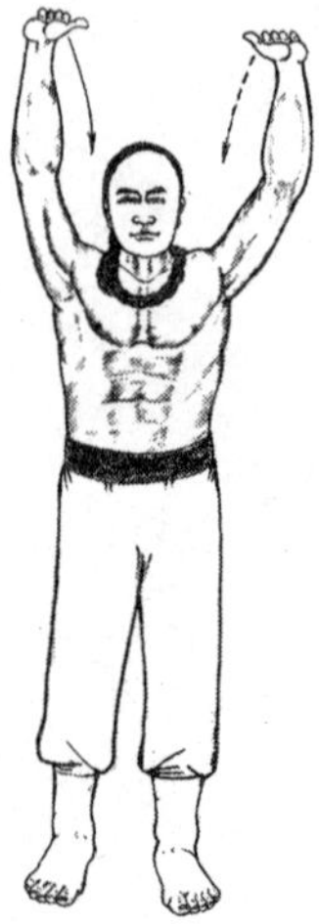

图 2-61

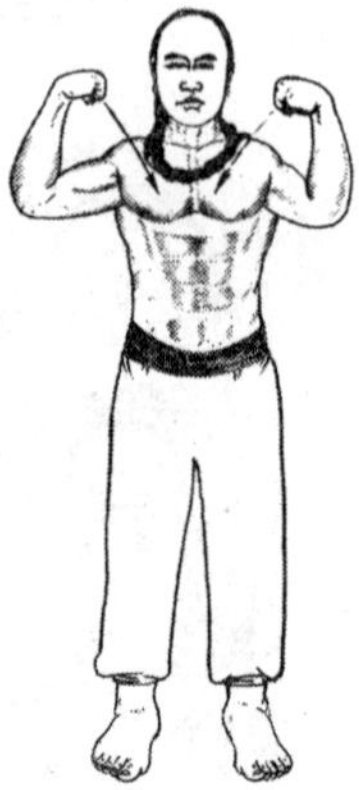

图 2-62

图 2-63

图 2-64

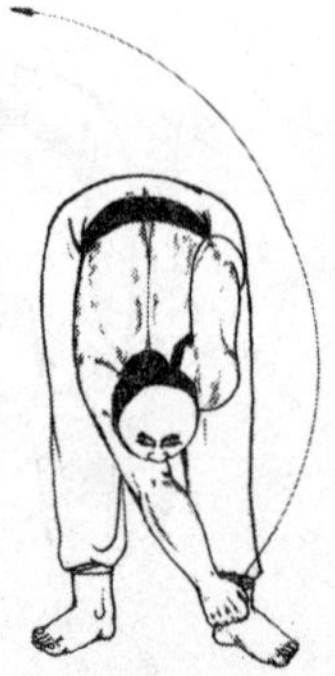

图 2-65

图 2-66

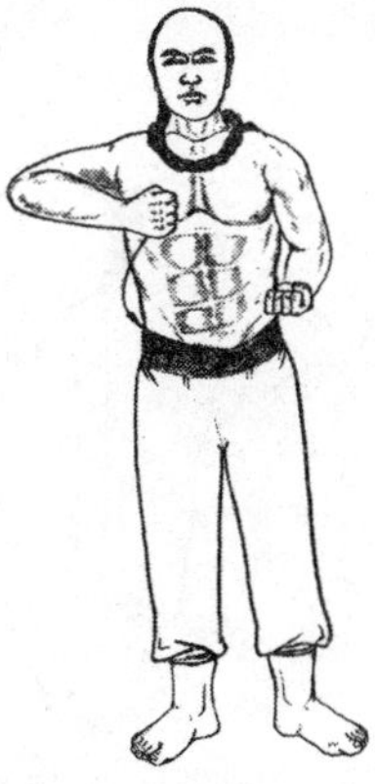

图 2-67

图 2-68

5. 两拳于胸前成十指交叉；随吸气的同时，两掌翻起朝头顶上托，面上仰；至两臂托开时，双手伸臂朝左侧下俯身下撑；至上身与两腿成直角时，左脚朝左侧一步成仆步，交叉的双手按于左脚背面，下颌尽量向左伸。（图 2-69 ～图 2-74）

然后起身如前之法，再向右侧行功，动作方法要领与前相同，左右各做 3 遍。

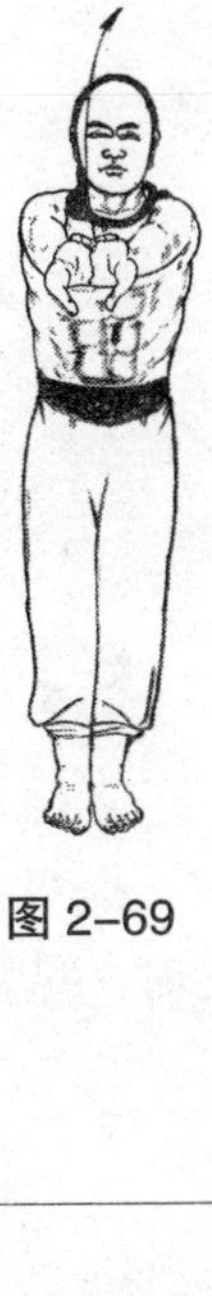

图 2-69

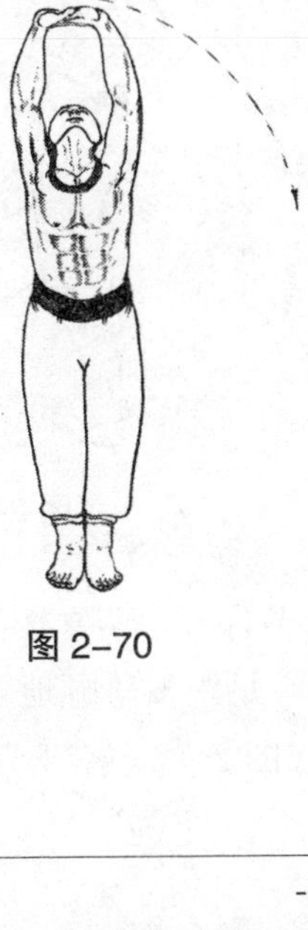

图 2-70

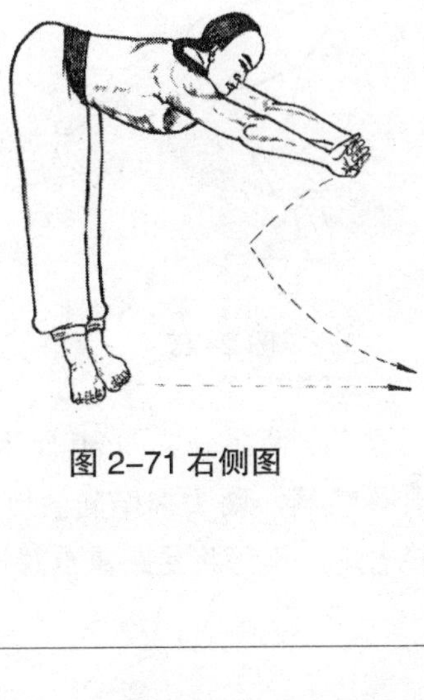

图 2-71 右侧图

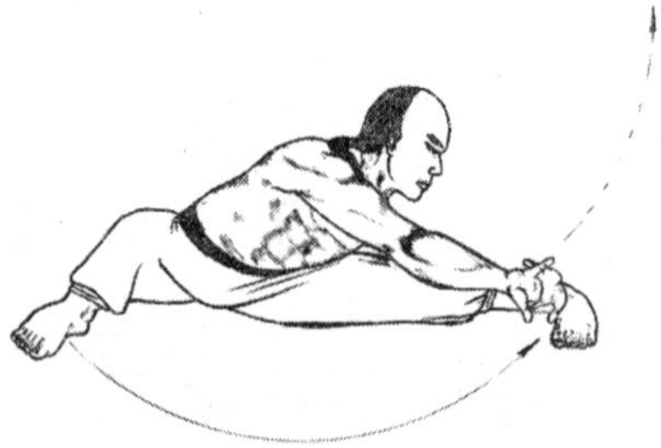

图 2–72

图 2–73 右侧图

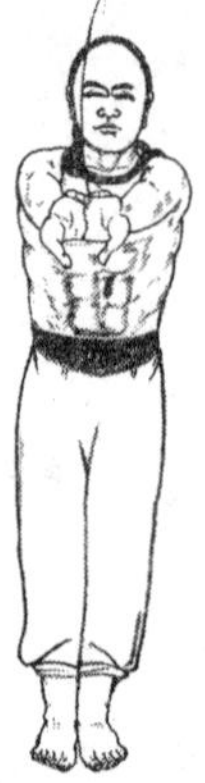

图 2–74

上述练习后，必须行揉膝之法，这样才能使关节坚强，不至于留下弊病。每次行功之后，用盐汤温洗两膝，用手掌揉之，拳击之，左右膝交替行做，以 49 次为数。

6. 接着，立身提足跟，做蹬击 49 下，同时配合鼻喷气。左右交替做。（图 2–75、图 2–76）

图 2–75

图 2–76

然后立身，两足开立约 30 厘米，膝节伸开，两掌按于丹田前，提双踵；继之配合鼻喷气，两手握拳向两侧振臂，足跟下落顿地。下顿足时，足跟只能是轻轻着地，不可将足跟重重跺地。（图 2–77、图 2–78）

7. 接着，抱拳于腰际；然后先出左拳，继出右拳，两拳轮流冲拳，共计打出 108 拳。（图 2-79、图 2-80）

接着，两手在胸前如抱球状，吸气至满后，配合鼻喷气的同时，两肘臂猛地向上振臂抖劲。共做 49 次。（图 2-81、图 2-82）

图 2-77

图 2-78

图 2-79

图 2-80

图 2-81

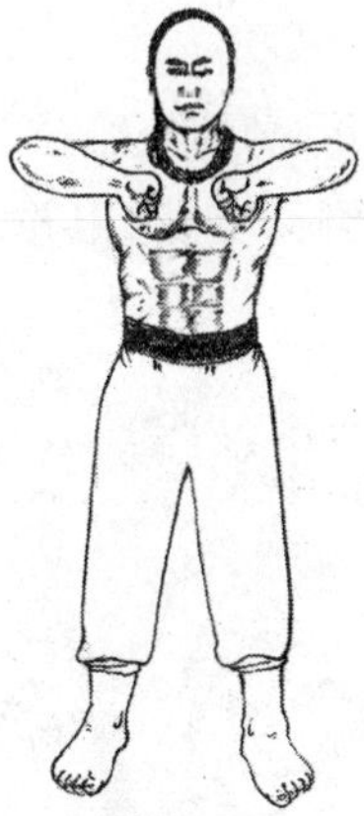

图 2-82

8. 吸气运周身后，用拳捶打全身，每一处都要打到。（图 2-83、图 2-84）

图 2-83

图 2-84

9. 张开五指如虎爪，抓击墙壁、木板或桌案。弹性出手，渐渐加力，墙壁等慢慢会发出沉闷声响，日久还能使之留下指痕。（图 2-85）

图 2-85

10. 身体侧卧位，以一拳拄地，另一手抱于腰际，两腿相并，使一只脚放在另一只脚上；或单臂行做俯卧撑。左右轮换，视体力而行。（图 2-86、图 2-87）

图 2-86

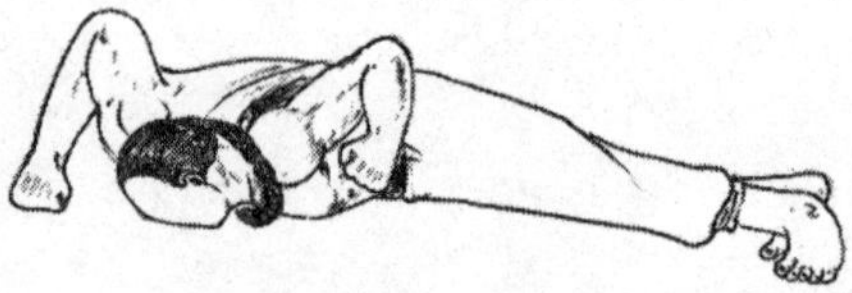

图 2-87

11. 两腿盘坐，两手握拳，以拳面拄地，两臂伸直，使全身悬起。（图 2-88）

图 2-88

凡学习技击之术，首先就要学好步法与身法。身法坚固而灵活，则势稳有如泰山一般；十趾抓地，势劲刚猛，犹如猛虎下山。

出势之时，头部要求放松，含颌顶项；身法要强健中正，不可扭曲歪斜；手法变化莫测，机灵诡谲；脚步要坚固，十趾抓地，有如生根；这样四肢更会有力而不沉滞，自身就会觉得精神百倍，有无坚不摧的气概了。

不论是练功，还是实战技击，最忌身歪脚吊，露肘弯腰。身歪斜不正，任督二脉不通，全身气血不活，则技法变化不灵；脚吊则下盘空虚，有如波涛中的浮萍，下盘不稳则上盘无法运化；肘为中盘之门户，一旦抬肘张臂，则腋劲难生，给对方露出了空当，让其有机可乘，拳谚中有："两肘不离肋，两手不离心，出洞入洞紧随身。"

所以，武术技击讲究的是：举手不离七孔。这里的"七孔"有两方面含义，第一是自身的，就是说在出手攻击对方时，要保护好自己的头部，武技中的"虎抱头"即是；第二是指出手的第一攻击目标就是对方的头部。身法要蓄势含机，不可张显挺直；蓄力则可发，硬挺则难变。下盘要坐胯扣膝，十趾抓地，脚步站姿即成不丁不八，膝扣不但可以护裆，也利于进退灵活。手出脚进，均讲究出三分的攻击而留七分作为变化之用，一旦做到了这一点，与敌较技，自然应付自如。

运劲方面讲究缠丝为主，坐胯为要，也就是说运劲如抽丝，绵绵不绝之意。坐胯者，下盘变化灵活，屈伸得力。只有这样，方能学好技击，坚持不懈，自然精熟于心，变化莫测。俗话说："学打三年，不如真传一诀；学势千步，不如一熟为先。"从这句话中，我们不难体会到，学习技击术不但需要老师的口传身教，而且不可贪多，必须脚踏实地，学一势就得将这一势吃透，武林中经常有"不怕千招会，只怕一招熟"之说。

凡是欲学技击的，首要就得拜明师，求真诀。不然，练功方法不明窍要，技击手段也不清楚；练功不得法而伤身，技击不明不能胜人。这就是所谓"习打无师，终身有误"的道理。慎之慎之！

七、贾力法

【秘谱】

其法用意蓄气，周身处处运之。

挺直立，彻顶踵，无懈骨，拳、肱、掌直，两足齐，踵相去数寸，立定。两手从上，如按物难下状，几至地，腕转，从下如托物难上也。过头顶，则两手又如攀物难下，而至肩际。转腕，掌向外，微拳之。则卷肱，立如初。

乃卷两肱开，向后者三，欲令气不匿膺间也。却舒右肱，拦之欲右者，以左逮乎，右、左之爪相向矣。如将及之，则左手撑，而及左；右手扯，而却右，左射引满，右肱卷，如初矣。则舒左肱拦，右手撑，左手扯且满，以右法。左右互者，各三之。则卷两肱，立如初。

左手下附左外踝，踝、掌竞劲相切也。则以右手推植物，使左倾，倾矣顾拽之，使右倚肩际，如是者三之。则以右手左推拽之，如右法者三。则卷两肱，立如初。

平肱，如掇重者，举之，势极则扳，盖至乳旁，而拳已握固腹左右间，不附腹也，高下视脐之轮。则劈右拳，如扼右臂旁一强物，至左外足踵，转腕托上，托尽而肱且右植，则扳而下，至右肩际，拳之，反拳据右腰眼。左右互者，各三之。

徐张后，两拳而前变，叉指上举，极则转腕，举者，掌下、十指端上也；攀者，掌上、十指端下也。叉掌上拱，首顶负筐，腋下皆卓焉，就其势，倒而左。几左足仆地，以前势起，倒而右。左右互者，各三之。

凡人倒左者，左膝微屈也；倒右者，右膝微屈也。不屈者，法也。乃取盐汤壮温者，濯右手，背指濡之，平直右肱，横挥之而燥；平则濯左，左挥，左燥复右。互者三之，计挥且数十矣。自是肱下不复卷矣。

乃蹬右足数十，左仍其数。蹬以其踵，或抵之，缩以其趾或绊之。则屹立、敛足、前举，踵顿地数十。

已而，两足蹲立，相去以尺，乃挥右拳，前击数十。左如之。

乃仰卧，复卷肱，如立时然。后作振脊欲起者数十，而功竣焉。

凡用势左右，必以其脊俱。凡蓄气，必迄其功。凡功，日二三，必微饮后及食后一时行之。

时以拳遍自捶，勿使气有所不悉；时揸五指，顾捣户壁、几案，久而作木石声焉。坐，则屈肘上之，屈拳前之；卧，必侧面，上手拳而杵席。坐、卧各因其左右，其拳皆握固。

【解析】

易筋经贯力法，就是积蓄元气通达全身，使之无处不到，无处不充，运行不息，达到力劲强健，功力深厚的方法。

1. 两腿适度开立，两足尖外摆成八字，挺膝聚力，全身不能有松懈，两臂下伸，十指伸直；以鼻吸气的同时，两掌聚力适度提起并翻成掌心向下，有如按住两根木桩，运劲缓缓将之按入泥土中，上身下俯，两腿尽力挺直；待两掌接近地面时，用鼻将吸满之气缓缓呼出，此时的两手不能松劲。（图2-89、图 2-90）

然后，以鼻均匀细长吸气，同时两手翻转成掌心向上，有如托住千斤重石，缓缓托起；至肩前时，指掌再分别外旋转腕向上，仍然托起，直至两臂伸开时，两掌将力守住，用鼻将吸满之气缓缓呼出。（图 2-91）

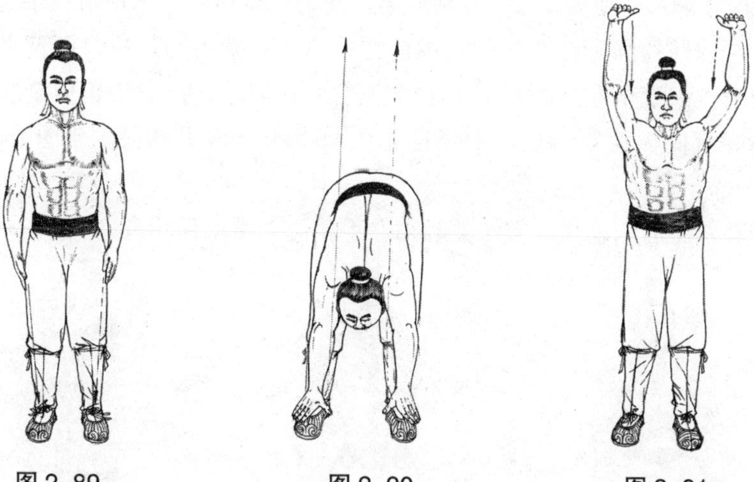

图 2-89　　图 2-90　　图 2-91

随后，以鼻吸气，同时两掌有如将千斤重物拉下之意，将两手拉至两肩际；再扣指握拳转腕向下弧形收至腰际两侧；最后用鼻将吸满之气缓缓呼出。（图 2-92、图 2-93）

2. 两腿挺立动作不变，两手向臀后下伸至尾闾部成十指交叉，手心朝上，大拇指贴尾闾；然后，以鼻吸气，同时两臂夹腋，手向后划动，使背脊内收，

胸向前挺，含颌收咽，两胁用劲；直至气吸满后，正身回手，用鼻将气呼出。如此动作连续做 3 次。（图 2-94）

图 2-92

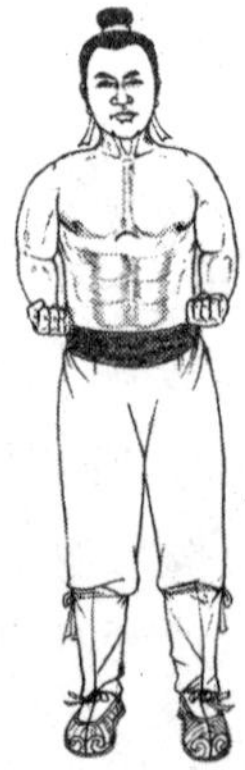
图 2-93

图 2-94

3. 两腿展开比肩略宽，站立成开裆势，随吸气的同时，两手用劲握拳，拳眼对大胯，然后用力缓缓屈臂抬起至胸前，拳心对胸，接着，两腿下蹲成马步，左拳内旋劲翻指，使拇、食二指成八字，其余三指屈贴于掌根节成手心向前，上体向左旋转的同时，左手朝左侧前方推出，右拳用力后拉，两臂之力有如拉弓的动作；直至左臂撑直时，右拳于右肩腋前守住；左手再内旋腕扣指握拳随鼻呼气向内拉至胸前，上体摆正成两拳相对抱于胸前。（图 2-95 ～图 2-100）

接着，做右侧动作，方法要领与左手相同，唯动作相反。

图 2-95

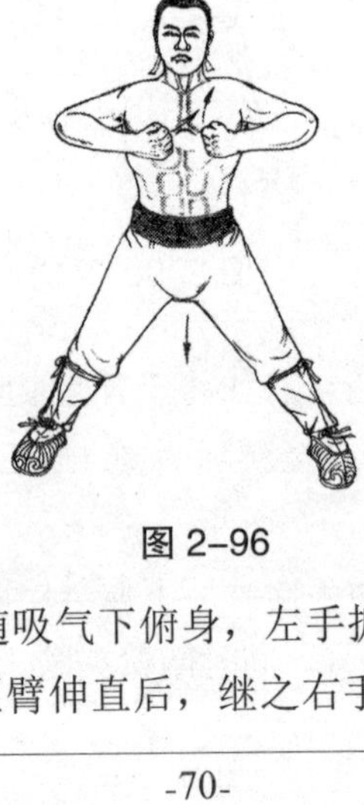
图 2-96

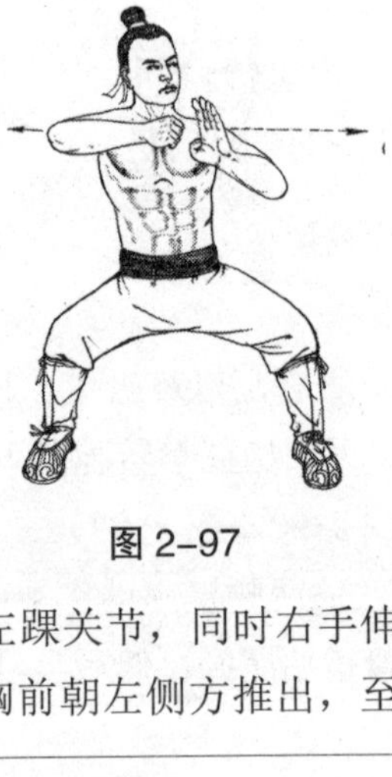
图 2-97

4. 接上动，左手成掌随吸气下俯身，左手抓握左踝关节，同时右手伸掌向右外展臂，立腕竖指；至臂伸直后，继之右手经胸前朝左侧方推出，至极

而止。（图 2-101、图 2-102）

图 2-98

图 2-99

图 2-100

然后，右手握拳扣紧收落，继之伸指握住右脚踝关节，左手握住右腕；将气呼出后，左手随吸气伸掌指向左侧外展至极限，再向内经胸前朝右侧方推出，至极而止。然后松体、松手，起立呼气，抱拳于腰际。（图 2-103 ～图 2-106）

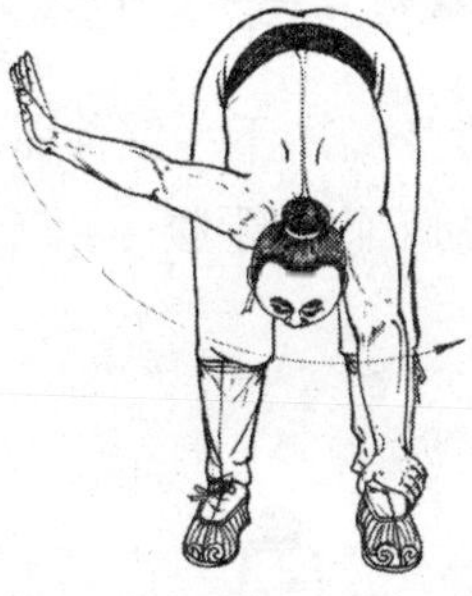

图 2-101

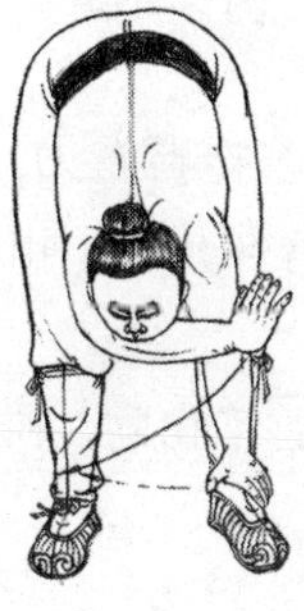

图 2-102

图 2-103

图 2-104

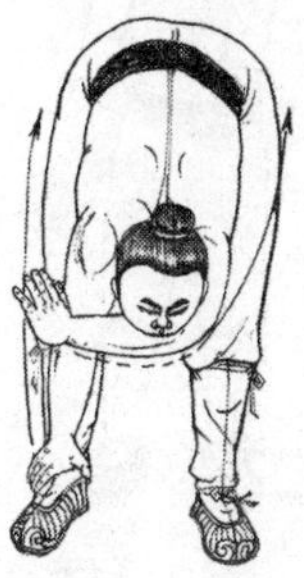

图 2-105

图 2-106

上述动作左右交替各行做 3 遍，下俯身时，两膝始终保持挺直，在动作中全身用劲绷紧，直至行完一次动作呼气时才放松全身。

5. 按上势站立，两手垂臂于体侧，随吸气的同时，两手握拳自两侧如提千斤重物；至肩前立臂时，张开五指成掌，伸臂上举，有如托塌下重物状；继之两拳臂向内下扳，至两乳前停住，将气吞咽入丹田；然后两拳下收，抱于腰际，徐徐将气呼出。（图 2-107 ～图 2-109）

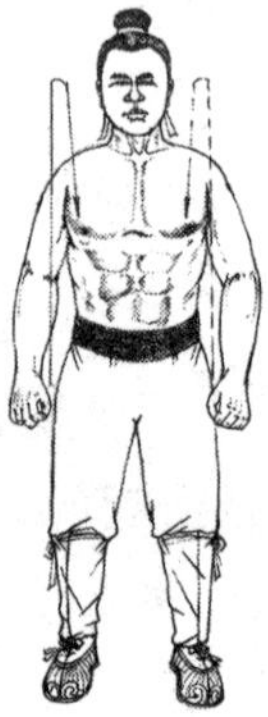
图 2-107

图 2-108

图 2-109

接着，用鼻将气吸满，起右拳振臂发力，向右脚背外侧击下；继伸张旋腕转掌，向头顶上方托举；至肘臂伸开时，扣指握拳运劲下收抱于腰际。（图 2-110 ～图 2-112）

然后行做左手，动作要领与右手相同，唯动作相反。

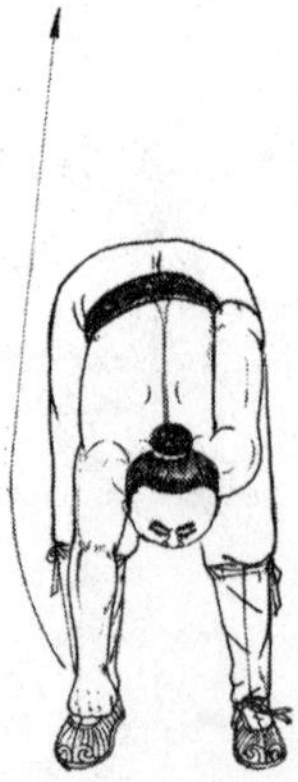
图 2-110

图 2-111

图 2-112

6. 两拳于胸前成十指交叉；随吸气的同时，两掌翻起朝头顶上托，面上仰；至两臂托开时，双手伸臂朝左侧下俯身下撑；至上身与两腿成直角时，左脚朝左侧一步成仆步，交叉的双手按于左脚背面，下颌尽量向左伸。（图 2-113 ～图 2-115）

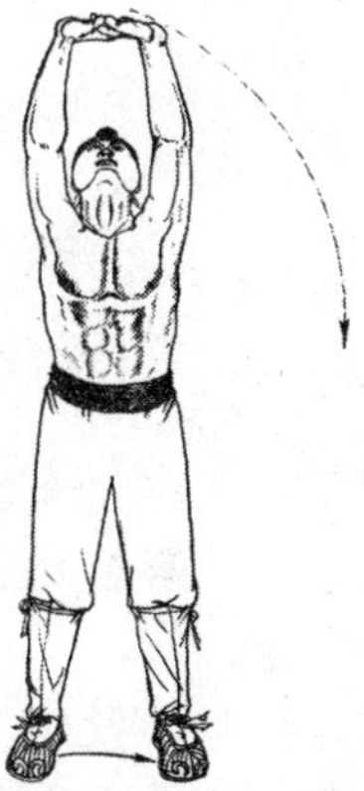

图 2-113

图 2-114 右侧面

图 2-115

然后起身如前之法，再向右侧行功，动作方法要领与前相同，左右各做 3 遍。

7. 上述练习后，必须行揉膝之法，这样才能使关节坚强，不至于留下弊病。每次行功之后，用盐汤温洗两膝，用手掌揉之，拳击之，左右膝交替行做，以 49 次为数。（图 2-116）

8. 接着，并腿提两足跟，做震足顿地 49 下，同时配合鼻喷气。下震足时，足跟只能是微着地，不可将足跟与地面直接硬撞，因为，足跟与后脑相贯，用力过猛可伤及脑髓。左右交替而作。（图 2-117、图 2-118）

图 2-116

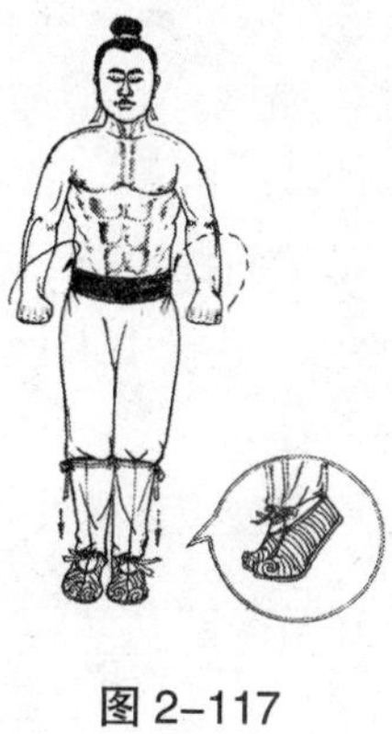

图 2-117

图 2-118

9. 接着，两足开立，成低马步，抱拳于腰际；然后先出右拳，继出左拳，两拳轮流冲拳，共计打出 108 拳。（图 2-119 ～图 2-121）

图 2-119

图 2-120

图 2-121

10. 身体平卧于地，两手放在腰的两侧；然后身体悬起，仅用头和足支撑（双手也悬起），像一座桥，同时闭嘴蓄气，嘴如一个囊袋样，含着气约 2 分钟后，抬头伸颈如同咽下一个硬物一样把气吞下，气往下运行时辘辘有声响；1 ～ 2 分钟后，再蓄气一口，依照上面方法吞下。像这样吞完 81 口气之后，气自然就运行到周身，力气倍增。不练时，起来揉摩周身。（图 2-122、图 2-123）

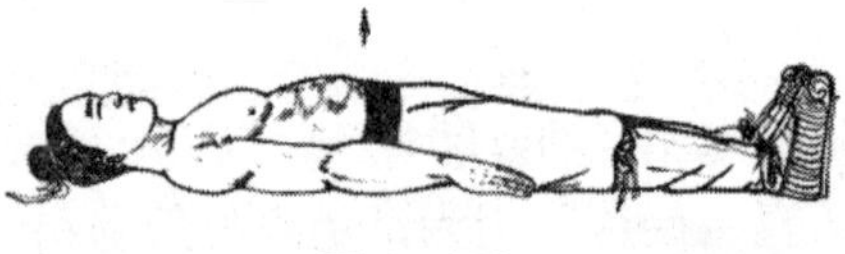
图 2-122

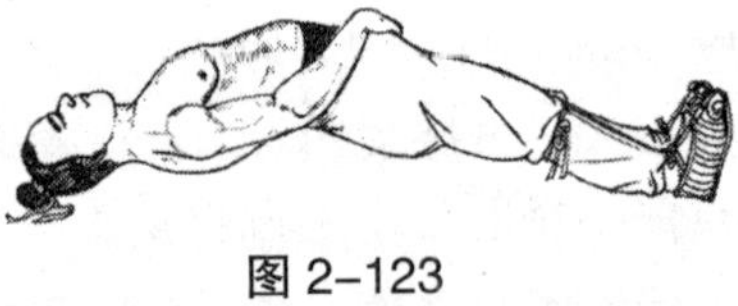
图 2-123

11. 吸气运周身后，用拳掌打遍全身，每一处都要打到。

12. 张开五指如虎爪，抓击墙壁，渐渐加力，墙壁慢慢会发出响声，练久还能使壁留痕。

13. 盘腿而坐，两手握拳，以拳面拄地，两臂伸开，将身体支起。（图 2-124）

14. 身体侧倒，以一拳拄地，另一手上伸，两腿相并，使一只脚放在另一只脚上。左右轮换，视体力而行。（图 2-125）

注意：运气法与贯力法相近之处很多，疑为相同功夫，但不便擅改原谱，就此照抄与解析。再者，这两种功夫，世面流传的版本很多，练法各异。学者自辨。

图 2-124

图 2-125

八、行功练劲法

【秘谱】

叠虎掌，后拿上，坠落下，掇石，往外劈，对面直低，打拱，金鼎力搥，下捣，如煽疾，扳脚跟，平推摘，手抓平，心歇。

【解析】

马步桩站立，两手成虎爪掌，掌心向下，停于两大腿近腰际处。用鼻均匀细长吸气，同时两掌用劲翻转上抬掌臂；至胸前时，气刚好吸满，双爪停住。然后吐气发声，双爪猛力按击裆前地面，俯身，两膝伸直。（图 2-126～图 2-128）

图 2-126

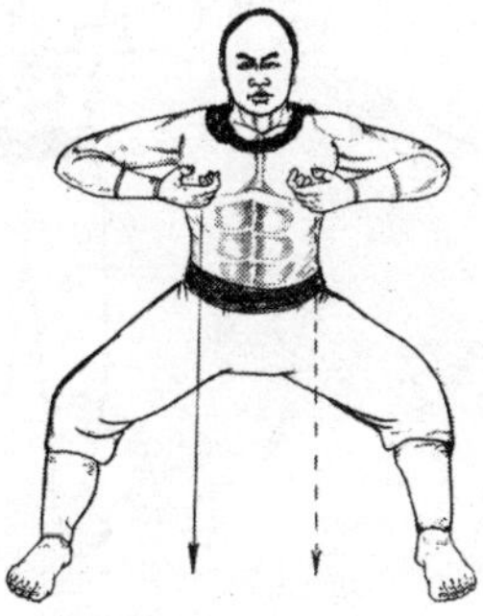

图 2-127

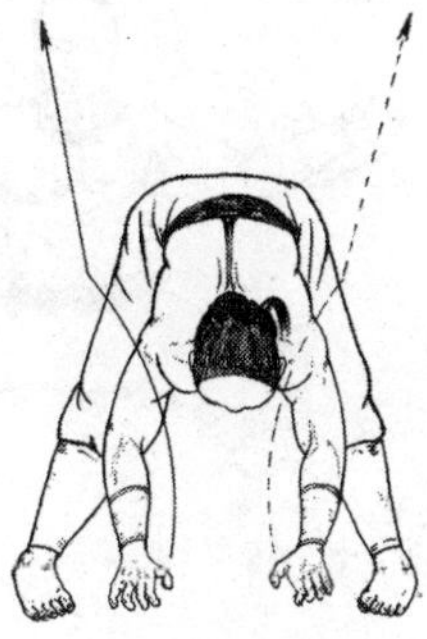

图 2-128

接着，配合吸气，两爪收提，两腿下坐成马步，两爪外翻成掌心向上，如托举千斤巨石般上举；至两臂举开时，将气闭住，扣指握拳内合下压至胸前，

同时收左脚成并步。然后，猛地发声吐气，两拳朝左右两侧伸直抖掌劈击。（图2-129～图2-131）

图 2-129

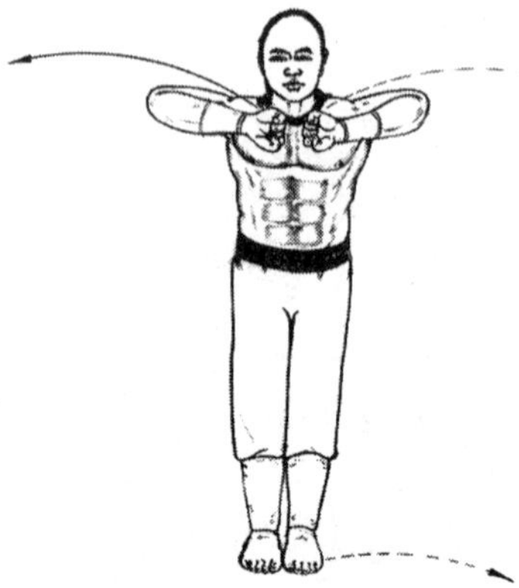

图 2-130

上势反复几次后，两腿适度里合，十指相叉于胸前，随着吸气，两手向头顶上方托举；直至两臂伸开时，上体向前俯身，手掌撑贴于地面，松开十指，转腕向后，使两手抱住两踝关节，面部贴于前胫。（图2-132～图2-135）

图 2-131

图 2-132

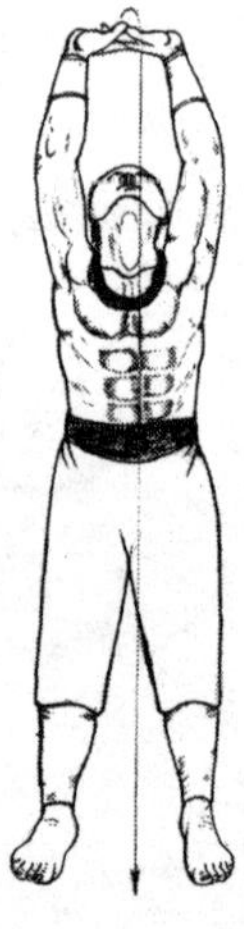

图 2-133

重复练习上述动作几次后，进入下一势。

马步桩站立，两手握拳抱腰；配合鼻吸气，两拳变掌同时朝前方推出；

至两臂伸直时，转腕扣指握拳成拳心向上，将息闭住；两拳向怀内拉回至胸前再下按至丹田前，同时以口将气吞下；然后呼气，两拳收抱于腰际。此推、摘、抓拉动作反复练习。（图 2-136 ～图 2-139）

注意：此谱非常难懂，疑有错漏，但因缺乏资料，只能如此断句、解析，学者多悟！

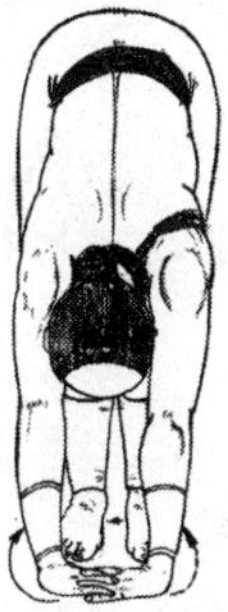

图 2-134

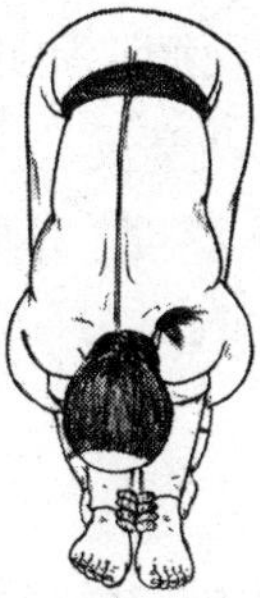

图 2-135

图 2-136

图 2-137

图 2-138

图 2-139

九、虎功行法

【秘谱】

两脚开数寸，站定，如八字样，两手持拳，贴在两肋，然后，转阴开掌，左右手一齐努力，徐徐平推，潮潮至顶，两掌朝前，即转腕如扯物，两手往下齐坠，仍贴在两肋。如此 49 遍。

完时，即将两拳反卷，虚按在命门穴边，踱百步。

功毕，手腿多揉，并周身揉之，和顺血气。初功，日行 5 ～ 7 遍更妙；一月后，3 遍亦可；三月成功壮大力。

【解析】

两腿左右分开，相距数寸，两脚尖外分，使两足呈外八字状，两手握拳抱于腰间，以鼻吸气。然后，两拳变掌上提，至肩高时，转成掌心向前、掌指朝上，配合呼气，两掌向正前方缓缓推出；至两臂伸开时，以鼻吸气，两掌同时向外转腕扣指握拳，意想如拉千斤般回肩前，再相并内转成拳心朝下，按压至丹田前；然后呼气，两拳缓缓收腰际。再以鼻吸气，如此反复练习 49 遍。（图 2-140 ～图 2-144）

练完后，将两拳反背贴于命门穴部位，于庭院中来回散步，使全身放松。按传统的记数是以 100 步为限，其实这所谓的 100 步，只是一个寓意而已，不是硬性规定，所以，我们现代人必须按实际情况而定。

图 2-140

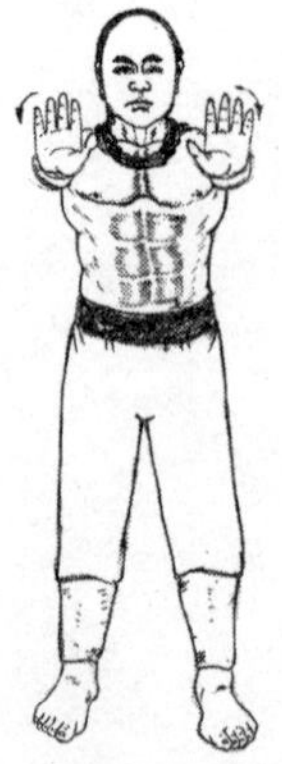

图 2-141

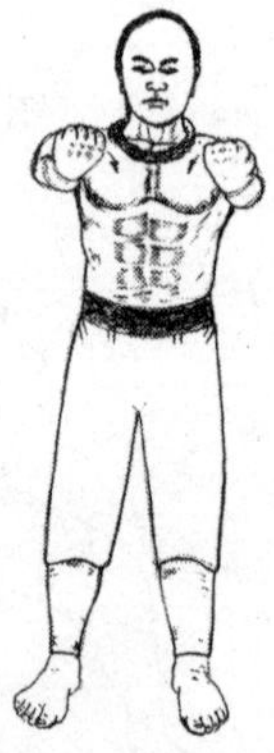

图 2-142

图 2-143

图 2-144

散步后，即行全身揉摩之法，以此和顺气血。练功的前 30 天，最好要保持揉摩 5 ～ 7 遍，一月之后，每天揉摩 3 遍即可。3 个月就能功成，达到易筋经而力大无穷的效果。

揉摩具体方法

用两手左右揉丹田 108 次；又用中指揉腹脐 27 次；再揉两肋至胃口。

用鱼际揉心窝 49 次；然后再至腔子，直由颈项过玉枕至泥丸到下鹊桥，均要揉擦。

再将鱼际擦热，拭目 27 次，去目疾；用手心揉鼻 36 次，润肺；擦耳 27 次，通肾，去头火；擦面 27 次，去皱斑，悦颜色；揉擦两腮以至咽喉，捏气管 49 次，捏项筋 108 次。

再至两腋，捏腋筋 108 次。手背、手心、虎口均要揉练。揉擦背脊，下至腰间，擦 108 次，除腰痛，去风邪。至臀部均要揉遍。

腿弯筋、膝盖亦捏 108 次，再过腘，至髁骨，阴跷、阳跷均要注意多擦，下至足部，足心涌泉穴擦 108 次，除湿健步。

十、龙功行法

【秘谱】

择地板净书房一间，用毡单铺板上，先光手足，释指甲，然后将身覆卧于毡上，用十指尖着力，将身纵起，往前7次，退后者7次。亦可往前纵一次，往后退一次，共14次做完。

行完，仍用指尖、足尖着力，将身侧纵起，翻转。或换一手一足着力，往前、退后而行者；亦可一手一足将身侧翻。每行完功后，用手周身揉之，和顺气血，如此49日功成。之后，或从高，或骑马射，倘有跌扑，俱不伤损于身。此龙、虎二功，谒非习武诸友之一助耶。

【解析】

选择地面干净而平坦的房间，于地面铺上毡毯（现在有专门用于练习武术的练功地毯），赤足，剪去手指、足趾甲，身体俯卧于地面，用两手十指尖和两足十趾点地支撑，身体与地面保持平行。蓄足全身劲力之后，手脚猛地发劲将身体弹纵而起，朝前方冲出，身体落地时仍以手指尖和脚趾尖着地支撑。（图2-145）

如此向前纵进7次后，再纵身后退7次。也可以往前纵1次，接着往后退1次，共练习14次。

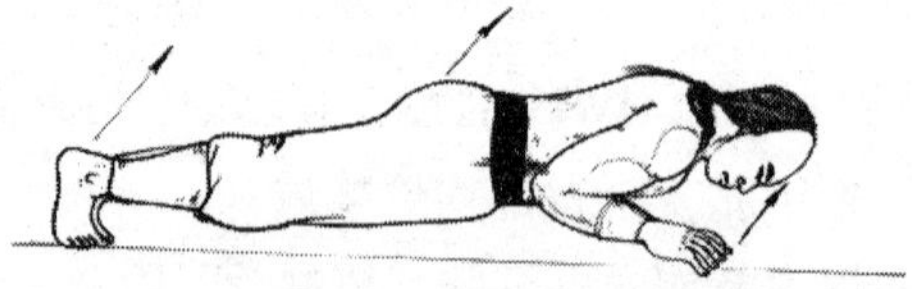

图2-145

或者，俯身于地，吸气聚力，脚趾手指猛地按地反弹而起，将身体腾空翻转360度，在身体转过至面部朝下之际，以手指和脚尖接触地面支撑身体。（图2-146～图2-148）

或者，以一手单臂做俯卧姿势，全身蓄力使身体向前弹纵，如双手弹纵之法。左右手练法相同。（图2-149）

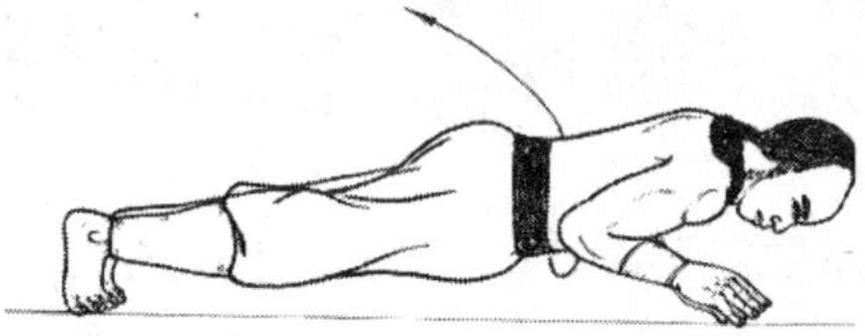

图 2–146

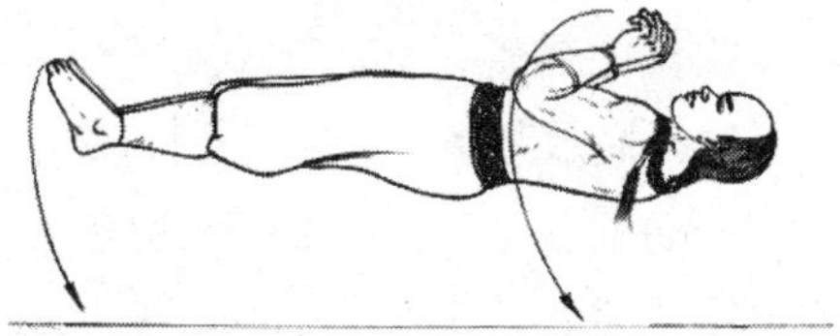

图 2–147

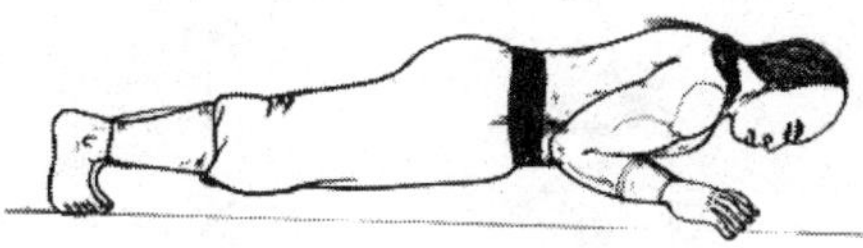

图 2–148

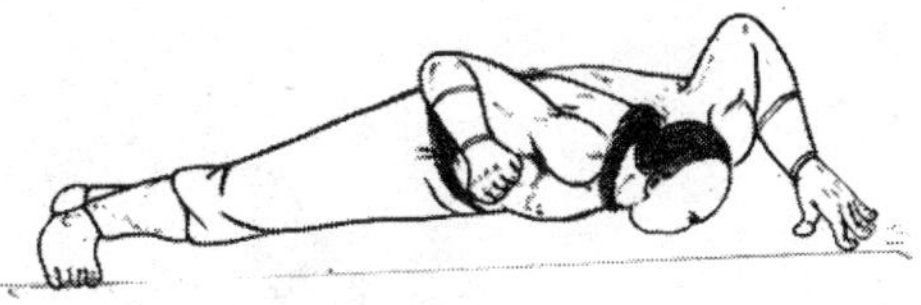

图 2–149

起身之后，用手揉摩周身，使全身气血调和顺畅。

如此练习，只需 49 天即可见功。功成之后，不论从高处或者是骑马时坠落，都不易损伤身体。

这里介绍的龙虎二功，实为习武诸君一种良好的辅助功夫。

十一、练手功夫

【秘谱】

先以黑、绿二豆拌置斗中；后用京蓝布一匹，包竹连纸二刀，两头扎紧。或抬上，或移下，或抖上，不论高下放着。

将药水趁热洗手，摆干后，即在豆中插，不计遍数；然后在靶上阳一掌、阴一掌扑打，左右同法，不计遍数。

初行一香，或日行 2 ～ 3 次，勿容间断，练到 49 日，初见成效，再加练 100 日成功。至成之后，每日片刻习练，终身不轻矣。

【解析】

用黑豆 10 千克与绿豆 10 千克混合装入木斗或木桶之中；另外，用上好的棉布 1 丈包裹约 4 寸厚的草纸，包裹好后，用线缝住两头，使其中的草纸不漏出，布裹好而不松塌（如果条件好的，也可以用现在练习散打的手靶代替亦可）。

靶位的放置以 3 种形式：平放，以利于由上向下拍掌；竖放，以利于横掌击打；高放悬置，以利于上抖掌的练习。

一切准备停当后，将药水温热洗手，然后摆干双手，马步蹲裆于斗桶之前，双掌轮番插豆。（图 2-150）

插完之后，再以双掌轮番拍打布靶，打的时候用掌心、掌背、掌棱交替进行，左右掌的打法相同，不计次数。（图 2-151 ～图 2-153）

图 2-150

图 2-151

图 2-152

图 2-153

练功的时候，应该循序渐进，切忌急于求成，或一曝十寒。每天分早晚各练 1 次，觉得精力旺盛者可每天行做 3 次；关键是不要间断，练到 49 天的时候，就可见初步的功效。

再加练 100 天即可练成。功成双掌刚硬超人，断砖碎石易如反掌，而且有掌击透内、伤敌内脏筋脉的功效；之后每天只需修炼片刻，功夫即可保持终身不失。

以上曾有介绍“练手余功”的方法，异曲同工。

十二、导引法

【秘谱】

1. 两手相捉，扭捩，如洗手法。

2. 两手浅相叉，翻手向胸。

3. 两手相捉，若按陛。左右相同。

4. 两手相重按陛，徐徐捩身。左右同。

5. 以手如挽力弓。左右同。

6. 作拳向前筑。左右同。

7. 如托石法。左右同。

8. 两手抱头，宛转陛上，是抽胁；作拳却顿，是开胸。左右同。

9. 大坐，斜身，偏倚如排山。左右同。

10. 大坐，伸两足，即以一足向前虚掣。左右同。

11. 两手拒地，回顾，此是虎视。左右同。

12. 立地，反拗身，三举；两手拒地，偏身，由脊向上三举；两手急相叉，以手贴足。左右同。

13. 以手反推督上。左右同。

14. 起立，以足前后虚踏。

15. 大坐，伸两足，相当手，屈所伸，足著膝中，以手按之。左右同。

华佗曾云：凡人肢节腑脏，郁积而不宣，易成八疾：一曰风，二曰寒，三曰暑，四曰湿，五曰饥，六曰饱，七曰劳，八曰逸。凡斯诸疾，当未成时，当导而宣之，使内体巩固，外邪无目而入。

上导引法不问老幼，日则能依此3遍者，一月后百病悉除，行及奔马，补益延年，能食，眼明，轻健，不复疲乏。

【解析】

1. 练习者选坐或卧位，平心静息，两手掌相互搓揉，犹如洗手的动作，每一部位必须揉到，至两手发热；继之，以两手掌交替洗揉腕、臂，日行3次，

每次不拘次数，以揉热发烫为宜。（图 2-154、图 2-155）

图 2-154

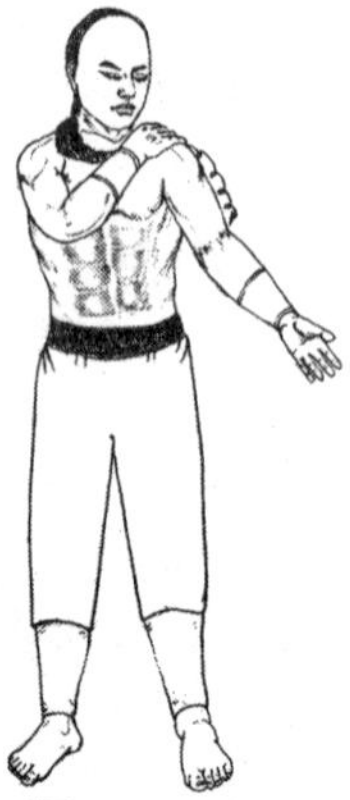

图 2-155

2. 两脚并立，全身放松，随着鼻均匀呼吸，两掌从下内合成掌心向上抬至胸前；继十指相叉翻掌下按至丹田下，托吸按呼，缓缓而行，反复 49 次。（图 2-156、图 2-157）

3. 两足相距约 10 厘米，挺膝伸直，右手掌握住左腕，然后向前俯身，伸左臂，左掌下撑至左脚背。（图 2-158）

图 2-156

图 2-157

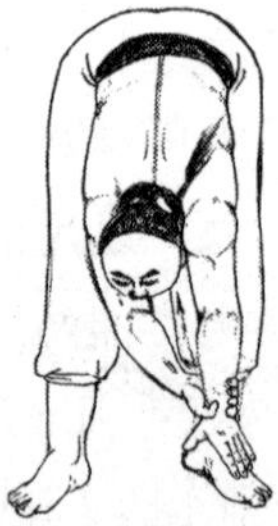

图 2-158

继之，左掌扣指握拳上提至左肋守住，然后伸掌指握住右腕，右手伸指向右脚背按下，动作要领与左手相同，左右交替而行，共做 49 下。

4. 左右掌十指交叉，随着吸气，缓缓俯身向左侧撑推下按，直至双掌按地，膝挺直；然后，左右掌十指外划抱住踝关节，将脸附贴在两膝下前胫。略停数息后，继续叉指左推，使上体前俯成 90 度，而后上体右旋，双臂推至右侧方时，下按掌撑贴地面，松指外划抱住踝关节，附面贴住前胫，略停数息后立身。按此法反复 49 次。（图 2-159 ～图 2-164）

图 2-159 左侧图

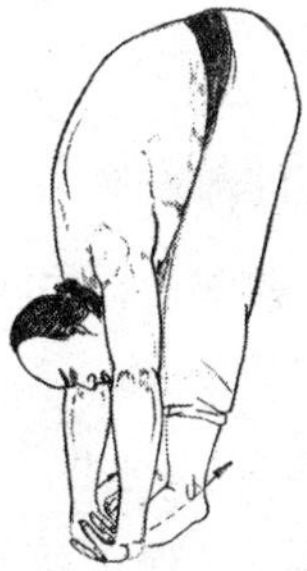

图 2-160 左侧图

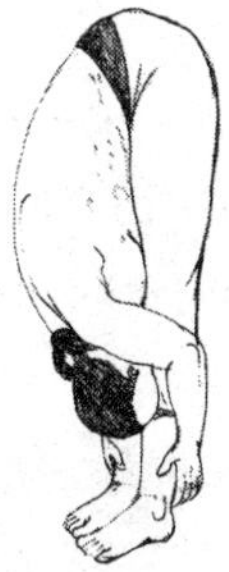

图 2-161 左侧图

图 2-162 右侧图

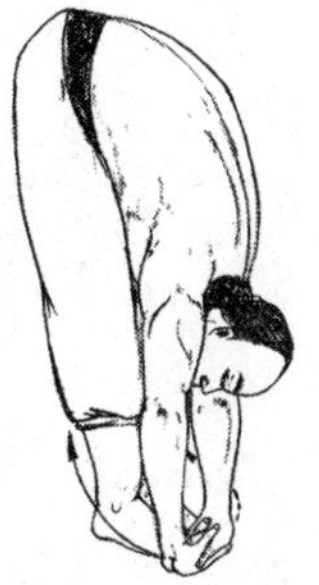

图 2-163 右侧图

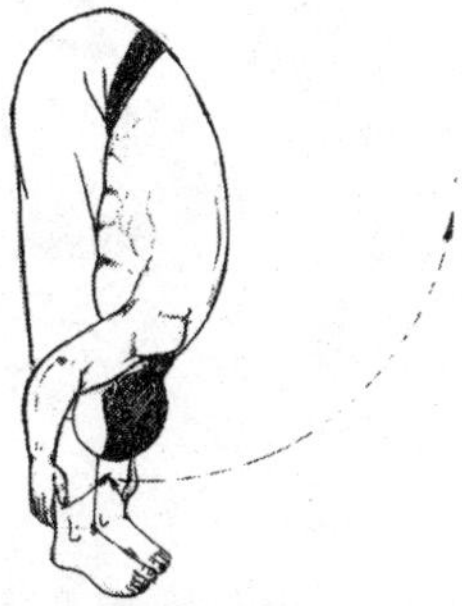

图 2-164 右侧图

5. 两脚并步而立，全身放松，两臂自然垂直于身体两侧，耳目平视。左脚旁开一步，开距如自己三足宽，沉身下蹲成马步桩，两手抱拳提于腰际。接着，两手成掌上抬，交叉臂于胸前如十字手，右臂在内，左臂在外。

继之，配合鼻吸气，左手握拳，食指跷起向上，拇指伸直与食指撑开成八字，左臂缓缓向左推出至伸直，头随而左转，目视左手食指，同时右手握拳，拇指尖与食指尖相扣，虎口成一环型，恰如扣住弓弦一般，屈肘贴于右肩前。随吸气之势犹如拉弓一般，以意使力撑开两臂，至气吸满时闭息。（图 2-165）

图 2-165

略停一会儿，配合呼气两手放松向胸前合

拢成十字手。接着再做右拉弓势，动作要领与左势相同，唯方向相反。

左右反复 9 次后，还原成立正势。

6. 两脚并步，身体自然直立，两手握拳，屈肘抱于两腰间，拳心均向上，拳面均向前。

头向左转，左脚向左上一步，左转成为左弓步，同时右拳成掌直臂向前插掌，掌心向上，掌尖向前，目视右掌方。然后身体右转，两腿屈膝半蹲成马步，同时右掌经胸前向右横摆于右胸前，并向前撑将臂撑圆，掌心向前，掌尖向右，目视右掌。不停，右手再以腕为轴，向外、向下、向里上旋腕，并用力屈指卷抓握拳，拳面斜向上，拳心斜向里，目视右拳方。最后右拳屈肘收抱于右腰侧，拳心向上，拳面向前，目视正前方。（图 2-166、图 2-167）

图 2-166

图 2-167

身体右转成为右弓步，即练右势，与上述左势练法相同，唯方向相反。

7. 两手下垂于体侧，然后吸气，起右掌从身前向左侧画弧，如托巨石般朝头顶上方举起，直至手臂伸直于右侧头顶上方；将气呼出，右掌下收。左掌照右掌的动作方法上举，如此反复行之 49 次。（图 2-168）

8. 身体直立，两掌叉指抱于后脑；然后吸气，上身向前下俯，直至前额贴于膝盖，并尽力向下伸，膝弯挺直，不可弯曲；接着起身呼气，再吸气向左侧胫骨下俯身；继之起身呼气，再向右胫骨下俯身。前、左、右俯身轮流练习，共做 49 次为度。

图 2-168

（图 2-169 ～图 2-172）

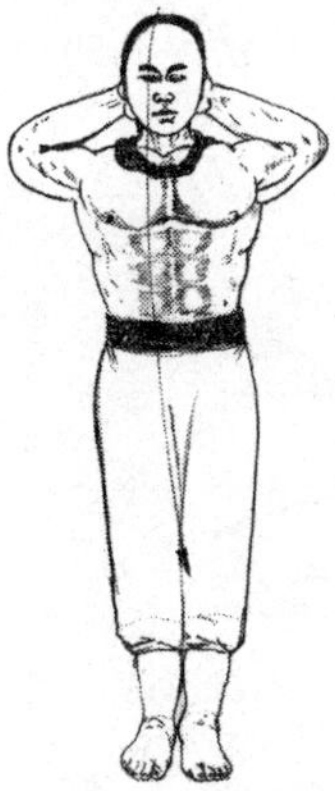

图 2–169

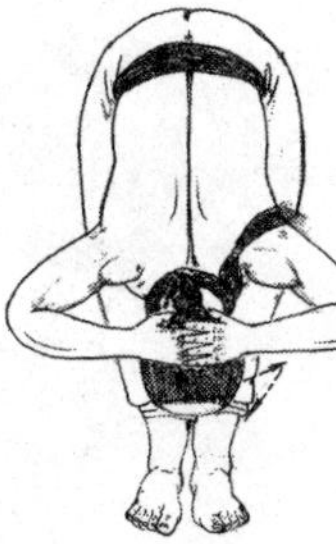

图 2–170

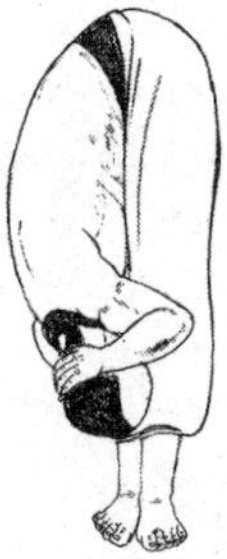

图 2–171 左侧图

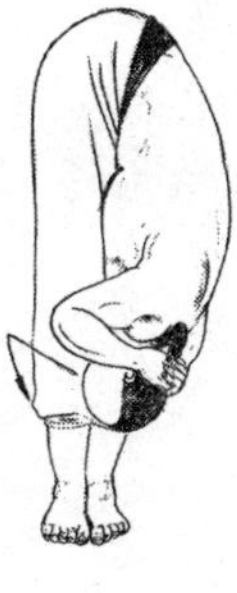

图 2–172 右侧图

9. 盘腿而坐，双盘、单盘均可，两掌抱腰际。配合鼻吸气，两掌至肩前成两掌心相对，指尖朝上；然后配合鼻呼气，两掌向左右排开，意想有如推开两座大山一般。至两臂伸直，继吸气，转两掌成掌心相对收至肩前。反复行此动作 49 次。（图 2-173）

图 2–173

盘坐姿势不变，两臂展开，吸气向左转腰至极，行左右排掌动作 49 次，呼气；继吸气向右转腰至极，行做上述动作 49 次。（图 2-174、图 2-175）

图 2–174

图 2–175

10. 将盘坐的双腿向前伸直，两手翻掌贴于腰部命门部位。吸气同时，轻展左腿向左侧方，使两腿成直角位为度；然后，呼气收腿还原。再吸气，右腿向右侧外展，方法要领与左腿同。如此反复行做49次。（图2-176、图2-177）

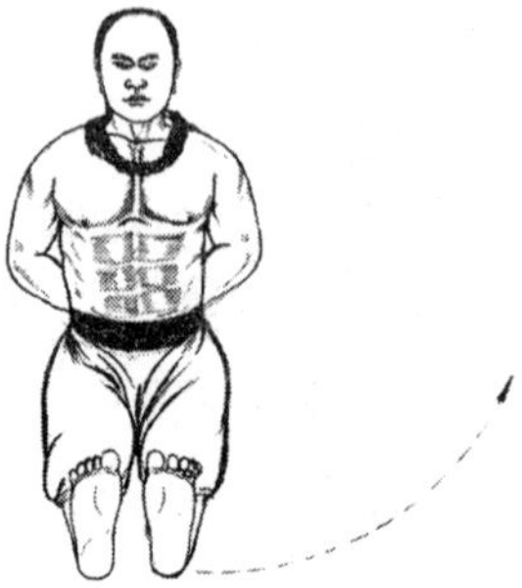

图 2-176

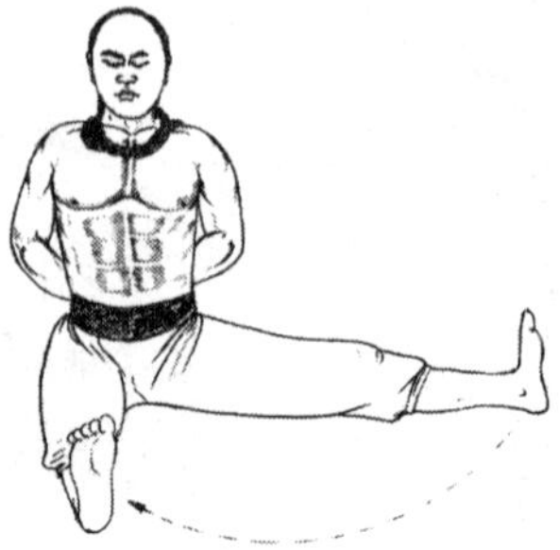

图 2-177

11. 两腿直立，脚开距离约自己一脚的宽度；然后，两掌随吸气的同时，上身下俯，膝部挺直，两掌按于左脚侧地面，头部向左后侧探，目视于右后侧方，略停数秒后，将气呼出。接着吸气，同时两掌向右侧移动，两膝仍需挺直，两掌按压于右脚侧地面后，头向右后侧探，目视左后侧方，略停数秒后，起立呼气。反复行做49次。（图2-178 ～图2-181）

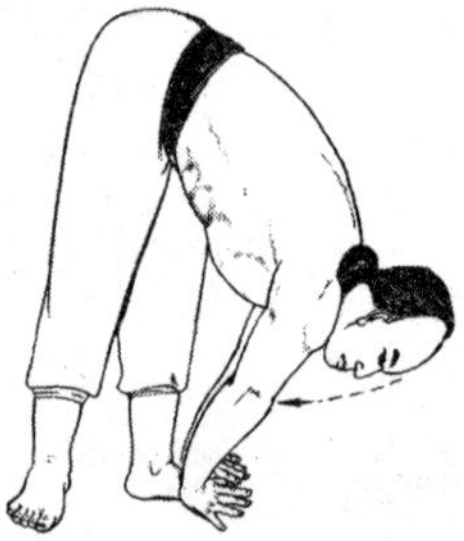

图 2-178

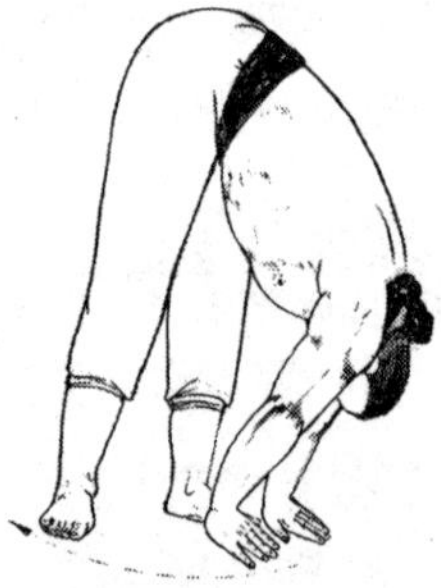

图 2-179

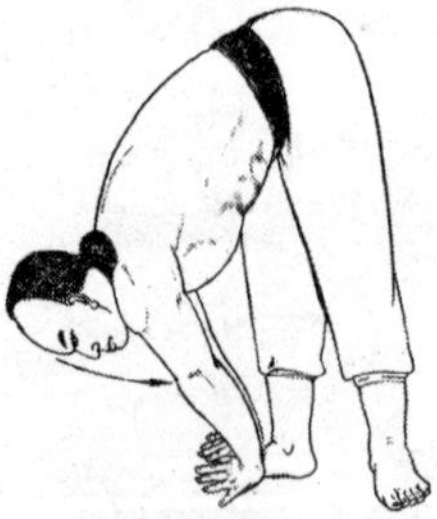

图 2-180

图 2-181

12. 两足并立，膝部伸直，两手直臂上举，指尖朝上。吸气的同时，上体后仰，直至上身及手臂似与地面平行时，两手握拳。然后还原并呼气。如此反复49次。（图2-182、图2-183）

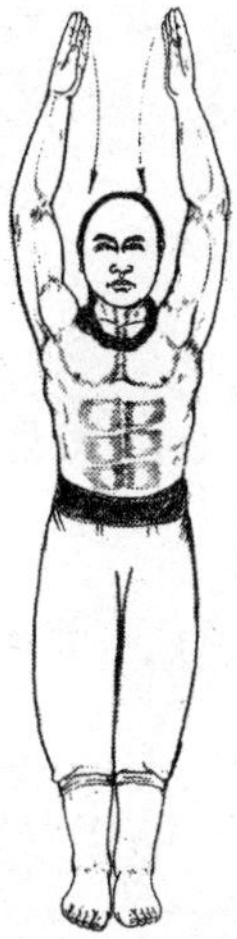

图2-182

图2-183

两足并立，膝部伸直，上身挺直，两手十指相叉，掌心向下，直臂上撑；然后两掌随吸气向左侧下俯，两掌以掌背贴左脚面，左脚在俯掌同时向左适度挪开一步，上体配合朝左拧腰。此为左势。（图2-184、图2-185）

然后还原练习右势，方法要领与左势相同。左右反复49次。

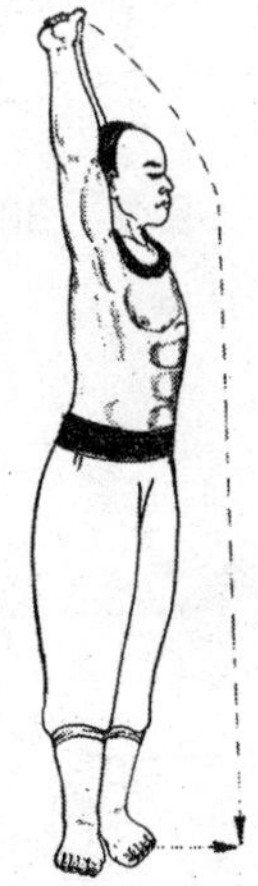

图2-184

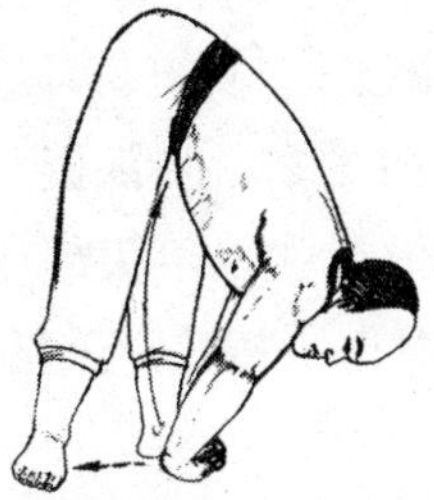

图2-185

13. 两腿开立，约距自己三足宽，以鼻吸气同时，上体左转，左掌指尖向下，向左后撑劲，右掌指尖向上朝左前上推撑；两手同时用力向相反方向撑劲，直至两腿呈左弓步。此为左势。（图 2-186）继之，将气呼出，再吸气，身体右旋转，右掌向右后撑，左手向右前上撑推，要领与左势相同。如此反复 49 次。

还有一种练法：身体直立，一手自腰后向上移，另一手自肩后沿背脊向下移，尽量使两手在背脊后相贴掌，左右替换练习。

图 2-186

14. 先并步站立，然后抬起右脚向前下做踏击状，膝部不能挺直；随之收膝朝身后下蹬踏。（图 2-187、图 2-188）

如此前后作暗劲踏脚 49 次后，换左脚做 49 次，动作要领相同。

图 2-187

图 2-188

15. 平坐，将两腿伸直并拢，先将两手掌按于膝盖上，上身挺直，随后吸气，两手前伸搬住两足掌，膝部挺直，上身前俯，使胸部贴于腿上，头部尽量伸颌向前。然后收身松手按膝。反复 49 次。（图 2-189）

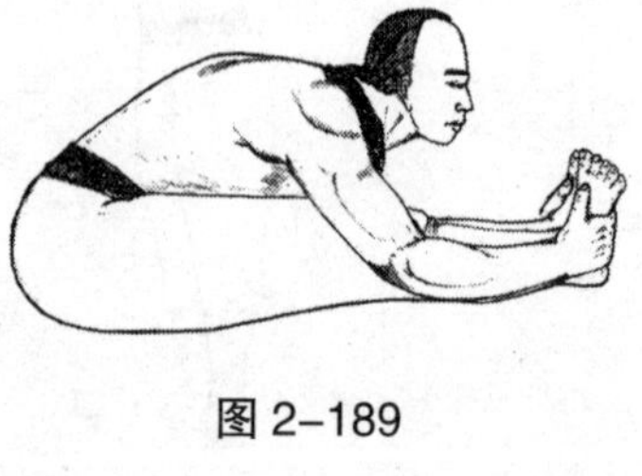

图 2-189

十三、罗汉劲

（一）十八形势

【秘谱】

人身一体，力不同科，故大小异形，强弱异质，此天地生人有不齐之数也。

然体之大小虽定，而力之强弱可不同也！盖人之身有三百六十五骨节，二十四血道，一十八经络。斯三者，不以大而见其优，小而见其拙也。于是，有十八形势。

动其经络，运其血道，操其骨节，以勇其肩背，健其胁肋，紧其膜皮，内心坚，勤于盘搬兮，力必进；苦于殴挞兮，痛必愈。

而又主乎气血，气宜活，而血宜散也。气不活则其形为肿、为硬；血不散，则其色为紫、为黑。诚预有以调养其气、运动其血，而后振作其形势，更进之以单操之方，将见劲之在吾，左之右之，无不宜之者也。

又曰：筋为劲之本，骨为劲之刚，战为劲之勇，曲为劲之方。有劲者，以劲为劲；无劲者，以气血为运，即非健壮之处，亦可运用而至，然岂狂躁所可几及也哉！传之不可不慎也。

【解析】

人与人之间的体质、力量是不完全相同的，有的天生高大威猛，彪悍强健，有的身材矮小、羸弱，这就是所谓的“天生人异，各不相齐”，俗语讲“一母生九子，九子各不同”，也类同此意。

虽然说人的身材大小是天生固定了的，然而，力量的强弱却是不同的！因为，每一个人体中都有365骨节，24血道，18经络（注：这里所说的均是泛指），这骨、血、经三者，并不固定地依照身躯大的就优秀、小的就拙劣这种规律，通过后天的一些手段方法，是完全可以改变自身体质的。

于是，就秘传有一套“十八形势”的功法，可以运动全身经络，畅通血道，操练每一骨节，增加肩背之劲，强健胁肋之气，锻其筋膜而紧肤皮，强化五脏六腑，使内里坚强。只要每天勤于盘筋搬体或盘刀拔石，力量就会大增，如果进行揉摩拍打，身之病痛就会自愈。

当然，修炼这套功法之前，还得先练调息养气，从运化血脉入手。人体的活动，主要依靠气血畅通舒活，散布全身；气不活，就会出现肿块硬结；

血不疏散，其色为紫为黑。所以，要调养其气，运动其血，气充血足后，就可以进入“十八形势”训练，然后才可行做“操功”之法。使全身筋劲强健，无处不生劲，气血无处不充足。

还有，劲生于筋，筋健则劲足，故有“筋为劲之本”的说法。骨为劲之刚，髓充骨则强，骨强劲力方能刚猛，这三者是相辅相成的，不可截然分开。医学中有“肾生骨髓，髓生肝，肝主筋，劲生于筋”。劲是靠什么来表现呢？有了无坚不摧的劲力时，于实战搏击中自然就表现出来了。身体的曲蓄是发劲的方法，“曲蓄则有力”就是说的发劲。

有劲的，当以劲为劲；无劲的，就得以气血为运，使气血充周全身，所谓“气血到处，无坚不摧”，这是气血运使的法诀，如果仅仅凭着狂妄、躁动、拙力、僵劲，是不可能练成的。传授技击一道者，不可不小心谨慎。

（二）自来劲

【秘谱】

俗名罗汉劲，以十八形势而名之也；其实名“自来劲”。

所谓自来者，不藉药物，不假符箓，自我做来者也。若行功而觉其费力、怯场者，即不曾上势，人能识透自来二字，则思过半矣！

世俗或假箓符，固为邪术；或资药物，亦难持久；更有行功而忍气者，甚至成疾，皆非善策，惟此无害耳。

但人初见之，则惊为奇异；一经说破，又视为寻常，而怠于操习矣。此人之通病，遂改尽善尽美之法，学之不能通彻，而失其真矣。

【解析】

自来劲，也叫做罗汉劲，因为全套功法由十八势组成，正合于“佛教中的十八罗汉”，所以对其雅称之为“罗汉劲”。

所谓“自来”，就是在练功时，不借助于药物，也不使用迷信之类的“符箓神水”；而是自我运练四肢，揉摩筋经而强化气血，使得劲力自生而来。如果练功怕苦怕累的人，还没有练习就认为“自来劲”是不练即来的功法，那你就错了。

世俗间的一些传授武技者，多以箓符、药物之类教人；这些利用邪术或者借助药物刺激所练出的功夫，不但不能保持长久，还会伤及身体，留下祸患。还有传功者教人强行鼓气闭息，硬打硬排，不以气血调和的原理行功，这都不是上乘的武学；只有以人体生理为依据，练养相兼，对生理、身心才会有益而无害。

虽然说靠邪术或药物练出的功夫极易伤身，但外行人一见颇为惊异，一旦说破其中秘密，这种见效快而又不费力的方法，人人皆去追逐，对于真正的武学就懒得去操习了。“成魔容易成佛难”，世间的人追逐庸俗的很多，学功容易学好难，怕苦怕累，走捷径求快，几乎已成通病。因此就改变了许多尽善尽美之法，学练了也会不透彻，渐渐失其正宗本真，而落入旁门左道了。

（三）总　论

【秘谱】

夫行功者，以勤为本；再以起势图之法，记之为要；然后，以每形图论照用，总无差矣！

但虽如此，其行功不拘哪势。总之，其肩宜落窝、腰宜为紧、手宜曲折，此三者，乃行之秘法，岂有它窍哉。

【解析】

修炼武功，都是以勤为本，每天照图行功，每一形势好好练习，就不会有什么差错了。

练习中，不管是训练哪一势，有三处要点是必须掌握的，分别是“肩宜落窝”“腰宜为紧”“手宜曲折”。

肩宜落窝，其实就是“沉肩坠肘”之意。沉，即舒展肩部肌肉和韧带使肩关节拔开，肩部伸长。人体肌肉、筋腱是分立的也是有联系的。沉肩能牵引背部肌肉，有助于拔背。沉肩，才能把上肢和躯干真正联结起来，上肢的气血和躯干的气血畅通无阻，全身的劲气才能由背脊达于两膊而至手指梢。沉肩是靠上肢一节拽一节来实现的。沉肩才能沉气，不沉肩则气拥胸际，上盛下虚，对人体生理不利，对技击发挥不利。

沉肩在形体上是有表现的，肩髃穴上出现明显的凹坑，肩窝处微微向后收引，这样不但促进上肢的舒展，并且使上肢关节肌肉产生一股争衡力量。两肩下沉而内扣，使背部呈圆弧，胸前有裹抱之势感。沉肩不是上臂深贴身躯，恰恰相反，沉肩是松开，腋下要松开一个拳头的空间，也不可太大，太大又影响坠肘了。如果夹住腋下，整个形象却是瘪的。

松肩的同时必有坠肘之势，坠肘就是松肘，使肘关节拔开，肘的位置尽量低，一节拽一节。坠肘才能使肩更沉更松，才使坐腕、舒指有了前提。坠肘在上肢放松中是很重要的。坠肘，也就是肘微屈。在定势时，前伸臂也不是直挺的，直中有屈，要带一点弯，因而就松、就沉、就稳。

腰为人体之枢纽，丹田运转之地，“空心实腹”即是此意。手屈而有力，曲蓄方能放松，松至极后能紧。这些都是修习武功的秘法窍要，宜当谨记的。

（四）四戒论

1. 戒　色

【秘谱】

行功之时，须振刷精神，保养身体。若溺情女，漏泄元阳，则筋骨疲软，心男懒惰，而不继其功，其身之壮健难矣。故戒之在色。

【解析】

色，这是人的天性之一，我们不主张禁止性生活，但要节欲保精，不可纵欲。如任其倾泻，就不能保证精旺、气足、神明，必然过早地衰老。练功人更应该知道这个道理，添油接命，颐养天年。

2. 戒　轻

【秘谱】

稍有功效，每即痒，须郑重手足。勿与人戏，恐在我失之不学，在人受之吃亏，每以玩耍而伤情失面，甚至酿成灾祸。故戒之在轻。

【解析】

习武的人，不要恃才傲物，对别人持有轻视或轻慢之心态。修炼武功后，稍有一点点的功效，就觉得自己技高而手痒，动不动就想找人一试高下，这是不可取的。凡是修习武功的人，都要注意自己的一言一行，保持稳重之态，不要动辄就与人玩笑，伸脚动手的。这是防备有失误，一旦对方不济，伤了对方则有失礼于人；一旦遇上高手，自己吃亏后又会被人笑话；更甚者，有时的玩笑很可能酿成大祸，惹来不必要的麻烦，所以，习武之人，首当戒除轻浮放肆的不良习惯。

3. 戒　贱

【秘谱】

成功之后，须自贵自重，如良贾之深藏。苟群处之时，便卖长夸奇，开胸坦腹，与人交手则自贱，孰甚焉？故戒之在贱。

【解析】

武功一旦练成，最重要的是要自珍自重，就有如富商豪户而深藏不露，一旦遇上时机，便发挥出来，简而言之就是，没有给你舞台之时，不要自以为是地故意卖弄；一旦给了舞台时，就要尽情地挥洒。不要将自己所学，到处显摆，甚至被人利用。所以，习武之人自我作贱，是要戒除的。

4. 戒　斗

【秘谱】

劲之功深，须温柔涵养，和气忍耐。若恃其勇力，一言不合，即怀忿怒，振臂出拳，则功之为道，本以御难保身，反致招灾惹祸矣。故戒之在斗。

四戒俱为切要，而戒斗尤为习劲之要。所以，善始而善终，学者慎勿忽也！

【解析】

武功越高，涵养越深，对人处事须一团和气，要有一颗容忍之心。绝对不能自恃武功，稍有一言不合，就忿怒交加，拳脚相向。武功修习的本义是强健体魄，遇危困而发之御敌的；如果为一勺之饭而争斗，为数文之钱而卖命……杀了别人就得犯法抵命，或被别人所杀而枉送性命。这样练了一身武功，不但不能防身，反而是惹祸伤身，练武何益？所以，练武的人要戒除争强斗狠的心性。

四戒之中，好斗之心首当戒除，好斗之性不戒，这不仅害己，还会危害社会，波及无辜。这一点是每一个习武人都应该明白的，也是要谨慎自修的。

（五）行　功

【秘谱】

行功者，十八形势是也。健筋坚皮肉之法也。

（六）十八形势图并诀

1. 第一势

欲行功看定两手，先空胸手提胸口。莫献股落腰其法，歪折分筋一样同。（图 2-190）

2. 第二势

拳头两开无跷蹊，紧指曲节便是须。两股平平肩节力，如鸟双翼却高视。（图 2-191）

图 2-190

图 2-191

3. 第三势

膀掌何须四面忙，小指用力努胸旁。似筋头落容易得，劲气常存左肋堂。（图 2-192）

4. 第四势

两掌一分贯指尖，左掌上兜小腹前。右掌画弧右胸间，左右日月阴阳圆。（图 2-193）

图 2-192

图 2-193

5. 第五势

右拳头出谁是方，提上左胁便为良。泉节头伸伸不得，如回便觉首吉祥。（图 2-194）

6. 第六势

两手雌雄背脊开，两脚向后面离怀。两肩筋韧诸着力，或左或右自然来。（图 2-195）

图 2-194

图 2-195

7. 第七势

总手对插无它奇，胸怀用力遂得宜。使筋无力出不得，劲至两旁便收回。（图 2-196）

8. 第八势

背心劲力从何起，身曲侧旁方有倚。双手伏地胁下力，扭动身法坚无比。（图 2-197）

图 2-196

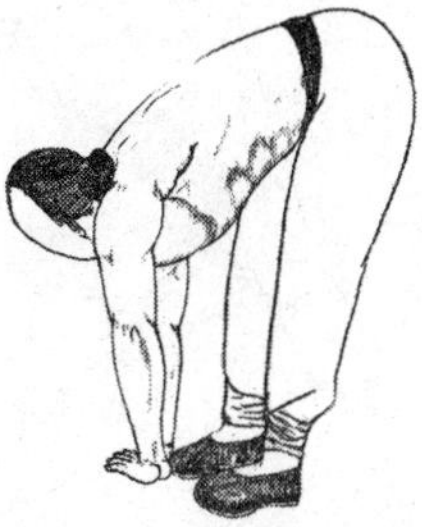

图 2-197

9. 第九势

两足实须分明，弧臂过顶亮肋筋。过顶之掌遮另肩，环胸臂掌在肩前，（图2-198）

10. 第十势

十指相对势欲举，慢慢两间往上升。上升身法欲相顾，两手转下便起身。势图。（图2-199）

图2-198

图2-199

11. 第十一势

脚下劲力从何加，盘龙势子总无差。膝弯欲伸伸不得，收回手足两交加。盘龙势图。（图2-200）

12. 第十二势

梳妆脑后交插手，背骨收藏力不休。肘尖胸膛掌上力，收回势子欲如绺。梳妆势图。（图2-201）

图2-200

图2-201

13. 第十三势

右手势起过左膝，左手右脚等如一。上下方法一齐用，称尔心怀尽尔力。势图。（图 2-202）

14. 第十四势

双掌一出腰间空，尾脊后面加倍功。停势海底莫着力，收回便觉处处坠。双掌势图。（图 2-203）

图 2-202

图 2-203

15. 第十五势

双拳一出劲非常，转上舌尖再为良。若要头颈坚如铁，地角藏喉时紧牙。双拳势图。（图 2-204）

16. 第十六势

俯身伏地在腰中，传血贯胯意无穷。左右伏地三两面，处处血路尽皆通。俯手伏地势图。（图 2-205）

图 2-204

图 2-205

17. 第十七势

托足一出一手藏，回头顾后势有方。足方指指起着力，便觉劲道渐渐长。托足把掌势图。（图 2-206）

18. 第十八势

边拳一出势已终，处处筋路尽皆融。拳肘两开平着力，始觉骨节劲自宏。边拳势图。（图 2-207）

图 2-206

图 2-207

（六）自来劲图

【秘谱】

自来劲一：坐马双掌分两边，弧形上合头顶前。叉掌下按过丹田，立身调息神内敛。（图 2-208）

自来劲二：半马吊膀掌护肩，右掌推至左掌心。左拳抻劲至裆前，左右换习劲自临。（图 2-209）

图 2-208

图 2-209

自来劲三：左马双掌与肋平，右转弓步压双掌。十指张开内劲行，转身左弓一样练。（图 2-210）

自来劲四：扭马两臂交身前，左掌推过右腰间。右掌推移至左肓，推劲转头视左边。（图 2-211）

图 2-210

图 2-211

（七）盘　功

【秘谱】

盘功者，提刀、拔石是也。壮臂力、坚膜皮之方也。

【解析】

所谓的盘功，就是传统中的走刀端墩，也称提刀拔石。提刀，就是盘刀，简而言之，舞 36 或 72、108 斤重的大刀。拔石，就是举重，练习石锁、石担之类。这里的盘功与陕西红拳盘功或峨眉盘功等截然不同。陕西红拳盘功与峨眉盘功是抻筋拉骨之法，这里的盘功是壮臂力、坚膜皮的功夫。

1. 大刀盘功十三势

传统中的大刀多以盘习肩花、腰花为主，这里介绍一套十三势供爱好者参考。

（1）提刀势

此乃起势，右手提刀，持在背后，掌心向下，以利动刀。（图 2-212）

（2）抛接势

将刀向上抛起，右手单接。反复练习。初抛起时不要过高过快，防止被刀击伤。（图 2-213）

图 2-212

图 2-213

（3）悬脚撩刀势

右手先接刀，左手跟上合把；接刀后，右腿提起，双手翻腕，向前撩刀。（图 2-214）

（4）凤凰展翅势

落右脚，提左腿，左手前推，右手盘刀后裹。（图 2-215）

图 2-214

图 2-215

（5）小挺刀势

落左脚，右手挺腕加力。（图 2-216）

（6）大撩盘势

左脚滑进一步，成大幅左弓箭步，双手持刀猛力向前下撩盘。（图 2-217）

图 2-216

图 2-217

（7）抡刀势

重心下沉，使上腰力，向右拧身，双手持刀向后上抡起。（图 2-218）

（8）盘花势

桩势不变，双手持刀在身前盘花。（图 2-219）

图 2-218

图 2-219

（9）过肩势

进右步，双手持刀过肩盘绕，翻为正把，然后向前推撩。（图 2-220）

（10）转身势

向左转身，双手持刀用力向左大幅刺扫。（图 2-221）

图 2-220

图 2-221

（11）拖刀势

右腿进步，并向右拧腰，双手持刀向身后拖砍。（图 2-222）

（12）猛砍势

翻过身来，右脚急进一步，双手持刀向前猛力劈砍。反复多次。（图 2-223）

图 2-222

图 2-223

（13）单提刀收势

然后收刀，松开左手，右手单提，本功收势。

2. 十八势石锁功

拔石是古时选拔武士常常使用的比试方法。民间武术也有举马鞍石、拴马石、石担、石锁等功夫。石锁形状。（图 2-224）

图 2-224

规格有 6 种：20 斤、25 斤、30 斤、40 斤、50 斤、60 斤。材料多以青石制作。

十八法是：挑、提、拿、旋、插、展、抛、撂、顶、托、缠、穿、裹、盘、抡、甩、披、举。

预备势：右足插入锁簧空间。（图 2-225）

（1）足挑手接

左脚向前半步，右脚准备挑起。（图 2-226）

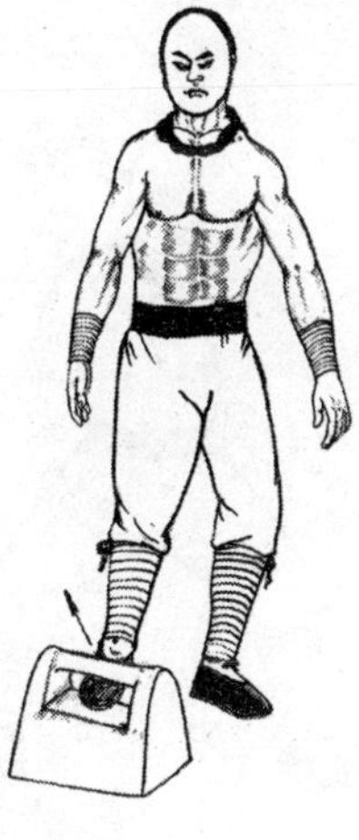

图 2-225

图 2-226

右脚用力向上挑起石锁，脱出右脚。（图 2-227）

右脚落地，右手抓接簧把。（图 2-228）

图 2-227

图 2-228

（2）提　锁

随石锁自然坠落，两腿成马步，使锁落于裆下。注意：石锁下落有很大力度，要抓紧簧把。（图 2-229）

稍停，右臂用力将锁提至肩平。手心朝下握抓。（图 2-230）

图 2-229

图 2-230

（3）悬　提

手心翻向上、臂外摆，竖肘侧身。（图 2-231、图 2-232）

图 2-231

图 2-232

（4）拿　抓

锁从右侧向后环绕。（图 2-233）

再向面前摆动。（图 2-234）

图 2-233

图 2-234

（5）旋　摆

锁向前直臂推出，手虎口朝上，高于肩平。（图 2-235）

锁向上提拿至眼前，用四指拨动向内旋转 1 ～ 2 圈，右手抓住簧把。空旋要直且稳，抓把要快，手感要灵敏。（图 2-236）

图 2-235

图 2-236

锁稍下沉，再提至眼平，用腕力向外旋摆。（图 2-237）

完成内旋外摆，可换左手。（图 2-238）

图 2-237

图 2-238

（6）插　掌

左手准备向上抛。（图 2-239）

右手成平掌，认准簧空迅速插入。（图 2-240）

马步蹲身，卸去下坠力，完成右掌插势。（图 2-241）

图 2-239

图 2-240

图 2-241

右手向上抖抛石锁，在空中左手平掌插入簧空。（图 2-242）

随石锁下坠，弓步、蹲身完成左插势。（图 2-243）

图 2-242

图 2-243

注意，手掌插入锁簧空间，首先要锁在空中保证横向自己；抛起的用力要控制方位，以免挫伤手指。

（7）侧　展

左掌屈臂，将锁提至胸前。（图 2-244）

向左侧展臂，高与肩平。（图 2-245）

图 2-244

图 2-245

（8）翻滚撂锁

左手落锁，换成右手；右手提锁，敛神凝气，准备撂起。（图 2-246）

撂起石锁，锁在空中翻个筋斗。（图 2-247）

落下时准备抓拿。（图 2-248）

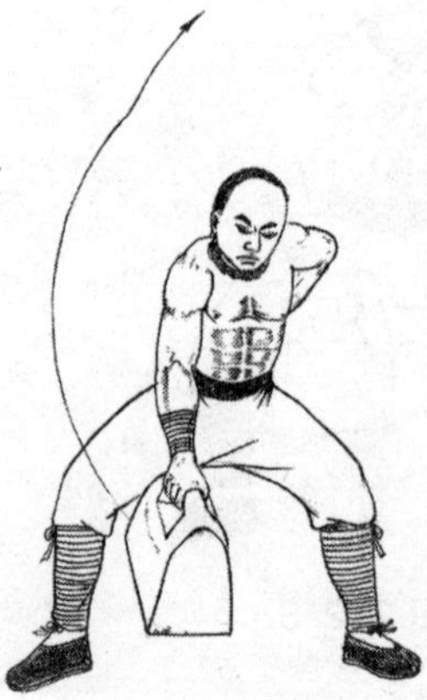

图 2-246

图 2-247

图 2-248

（9）平　滚

站马步，用腕力提锁，并向上、向前、向内平滚一周，后抓握。（图 2-249）

（10）直　抛

使石锁侧立，簧把朝内，垂直上下直抛并接抓。（图 2-250）

（11）拳　顶

石锁向上直抛。（图 2-251）

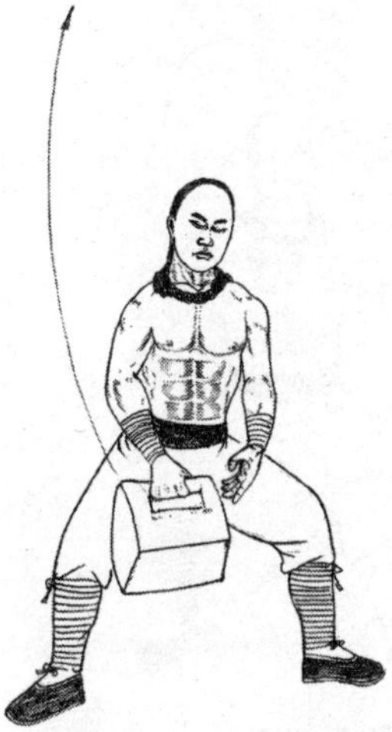

图 2-249

图 2-250

图 2-251

落下时用拳面顶接；拳面顶住后，要随坠力蹲身，竖肘平衡。（图 2-252）

换成左手做拳面顶接。（图 2-253）

图 2-252

图 2-253

（12）托　接

左手上抛锁，右臂屈肘准备用肘上面托接。（图 2-254）

右肘接住后，肩肘用力持平，蹲马平衡。（图 2-255）

右手或右肘向左上弹起，左臂屈肘完成托接。（图 2-256）

（13）缠头穿腿

右手执锁向前向左摆动。（图 2-257）

图 2-254

图 2-255

图 2-256

图 2-257

继续向上向后摆做缠头动作。（图 2-258）

过右肩侧，旋腕、虎口朝上，向身前准备穿腿。（图 2-259）

抬右腿，使锁从腿下向前穿过，脱右手，左手接。（图 2-260）

图 2-258

图 2-259

图 2-260

（14）裹脑盘腰

左手接抓后，再向左向后摆动。（图 2-261）

过头，再向右肩外侧环绕。（图 2-262）

从前向左，锁稍停于左腰侧，再用力从背后向右侧掷出。（图 2-263）

图 2-261

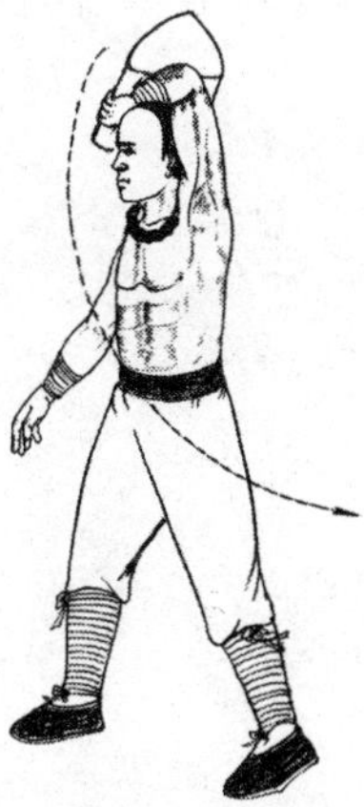

图 2-262

图 2-263

右手在右侧接拿，完成左势盘腰。（图 2-264）

（15）抡云（左右相反）

右手执锁在面前向左上环绕。（图 2-265）

图 2-264

图 2-265

从上绕至右。（图 2-266）

转身，右脚后退一步，同时锁继续向上向右环绕。（图 2-267）

图 2-266

图 2-267

从右前向下、向左上抡转。（图 2-268）

边抡边向后倒退左步，继续向下向前环绕。（图 2-269）

图 2-268

图 2-269

石锁向面前沉降。（图 2-270）

右脚向左脚侧并步震脚，同时锁从前下向头上拉起。（图 2-271）

图 2-270

图 2-271

直立上举，完成抡云动作。（图 2-272）

（16）斜　甩

右手控锁缓缓沉降在右腰侧。（图 2-273）

图 2-272

图 2-273

然后用力向左肩外甩抛。（图 2-274）

左手抓拿簧把，完成右斜甩势。（图 2-275）

图 2-274

图 2-275

左手接锁后上举，而后缓缓沉降。（图 2-276）

落在左腰侧，再过背后朝右肩外撩甩。（图 2-277）

图 2-276

图 2-277

右手在前方抓接。（图 2-278）

（17）斜　披

锁向身前沉降。（图 2-279）

图 2-278

图 2-279

腕臂内旋向前下运动。（图 2-280）

经腹前向左腋下勾转，右脚向左靠拢束身，抬左臂。（图 2-281）

图 2-280

图 2-281

右手执锁过左腋向背后探伸，用腕力配合惯性向右肩外撩掷；脱手后，右手速回至右肩外侧，及时在右前方接抓，完成斜披势。（图 2-282）

（18）独立侧举

右手在身前将锁做腕花平旋一周，然后向上举起，右腿独立。（图 2-283）

完成十八势后，立正还原。

图 2-282

图 2-283

（八）坐　功

【秘谱】

坐功者，揣神运气是也。恐血道不通，意度于上，意度于下，使血道之通于身，而不息也。

【解析】

1. 三昧盘坐势

先盘左腿，将左腿踝关节部置于右大腿股上腹股沟前，次将右腿于左腿外依法而盘，成左内右外两腿叠交势；两脚心务使朝天，否则练功时膝部或踝部易受损伤，并且大腿易麻木妨碍练功；两手结印于丹田前。（图2-284）

2. 正坐势

坐在方凳或椅子上，两脚平行落地，距与肩宽；眼帘下垂，双目微开一线之光（或闭目），舌抵上腭，垂肩含胸；两手轻放在大腿上（也可结手印），腰部自然伸直，腹部宜松。（图2-285）

图2-284

图2-285

3. 自然盘坐势

上半身与正坐势相同，身体略向前倾，臀部稍高一些，两腿交叉盘起，

左上右下或左下右上均可。（图 2-286）

4. 单盘坐势

将左脚置于右腿上，或将右脚置于左腿上，其余要领均同自然盘坐势。（图 2-287）

图 2-286

图 2-287

5. 双盘坐势

除手不强求结印外，余皆与三昧盘坐势相同。（图 2-288）

6. 金刚坐势

左脚或右脚跟最好轻触会阴部，或置于阴前，右或左脚跟放在右小腿远端三分之一处，双脚心朝天。（图 2-289）

7. 真武坐势

左腿蜷盘，脚心朝天，置右大腿内侧基底二分之一处；右腿下垂适屈。累后可左右互换，其余均同正坐势。（图 2-290）

图 2-288

图 2-289

图 2-290

（九）操　功

【秘谱】

操功者，殴挞是也。恐痛伤不愈，吞声忍辱，轻叩重击，渐使痛伤之达于身，而不觉也。

【解析】

操功，就是排打功。主要用竹刷把、藤条、绿豆袋、木棒、铁砂袋等，轮流替换，由软到硬、由轻到重，渐渐耐受，不怕吃苦，自能成功。

手握排打器具，先对头顶、后脑等部位进行排打，每次击打时，用鼻喷气助力，初始以击打49下为宜。操打要害部位不可过重，不可操之过急，防止受伤。（图2-291～图2-293）

图2-291

图2-292

图2-293

接着，持具对肩、臂、肋等处密密而行排打。（图 2-294 ～图 2-297）
接着，再对后背、腰部等处密密而行排打。（图 2-298、图 2-299）

图 2-294

图 2-295

图 2-296

图 2-297

图 2-298

图 2-299

继之，对胸、腹进行排打。（图 2-300）

再对大腿、膝、小腿、前胫、足背等进行排打。（图 2-301 ～图 2-305）

图 2-300

图 2-301

图 2-302

图 2-303

图 2-304

图 2-305

（十）四功论

【秘谱】

四功之中，行功固为首务！而坐功尤为精细。

行之势，处处有推，处处有拿，处处如鸟收翼，处处有欲伸之形，前后左右，宜使其势，勿肆直。

坐功之法，大要必待和平，先难后获，慎勿得粗妄厌，常喜新也。

【解析】

以上的行功、盘功、坐功、操功这四功之中，行功首先练习，是本功基础；坐功在四功中最为精妙细腻。

行功之中，处处有推，处处有拿，处处如鸟收翼，处处有欲伸之形。前后左右都要做到，而且，每一势的动作都有收蓄之意，即蓄则有力。

坐功的方法，要求心气平和，内观丹田，久久自有收获。特别注意的是，不要稍有一点收获，或者只求皮毛而厌弃坐功的枯燥乏味，更不能一曝十寒，朝秦暮楚。

层层递进，先做好行功，再行盘功，盘功之法是将行功所得之劲尽情发挥到极致，在此同时，也不要忘了天天行坐功以养神培元。

在前面三项功法完成之后，方可以行做揭皮之法的排打功。

（十一）运掌诀

【秘谱】

起身，以十指直使其力，两手交挥，用阴阳掌，以左手在上，离 3 寸，空运至 49 回，方止。

然后，以左手扣指，扭转在下，右手在上，亦运 49 回，扣扭转，徐徐放在两肋，用曲池劲，使两手奇颤不住，用呼吸 49 口而止。

必如此数日，然后振作十八形势。

【解析】

立身正直，开裆与肩同宽，两掌前伸使力贯指，然后稍微放松后，左右手作阴阳掌交挥画弧。（图 2-306、图 2-307）

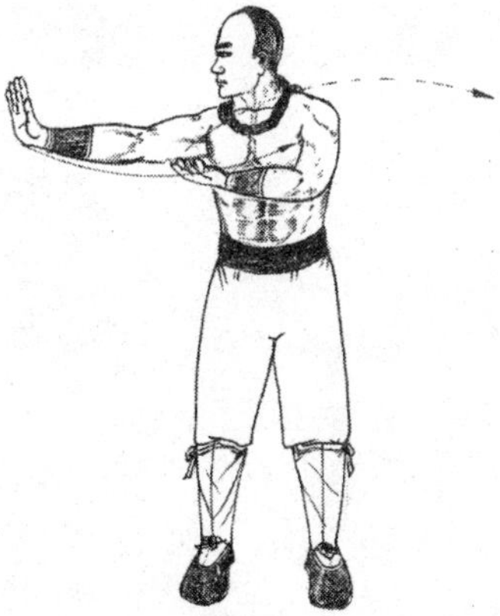

图 2-306

图 2-307

然后，以左手扣指扭转在下，右手在上，有如揉球之状扣扭，旋环空运，顺时针 49 周，逆时针 49 周。（图 2-308、图 2-309）

继之，将两手徐徐收抱两肋，用曲池发劲震抖两手，鼻喷气 49 次气后结束。（图 2-310）

必须把运掌法练习数日，然后再开始专心练习十八势。

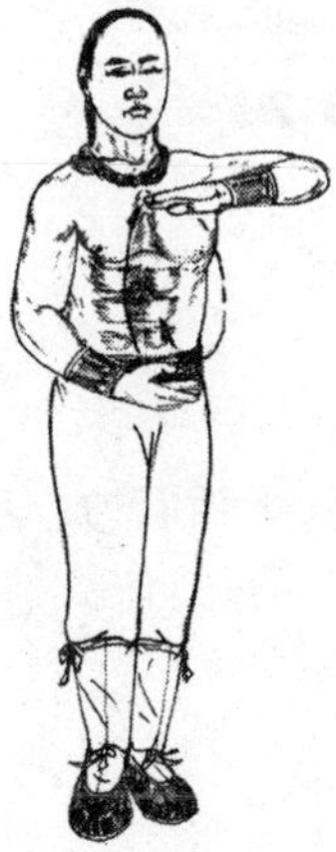

图 2-308

图 2-309

图 2-310

（十二）站立诀

【秘谱】

十趾紧抓地，万发欲朝天；两肩如山压，千斤悬肘尖。站立图。（图 2-311）

（十三）起势诀

【秘谱】

两手肘转折，多方仔细用；足下余地离尺五，行到功尽一样同。起势图。（图 2-312）

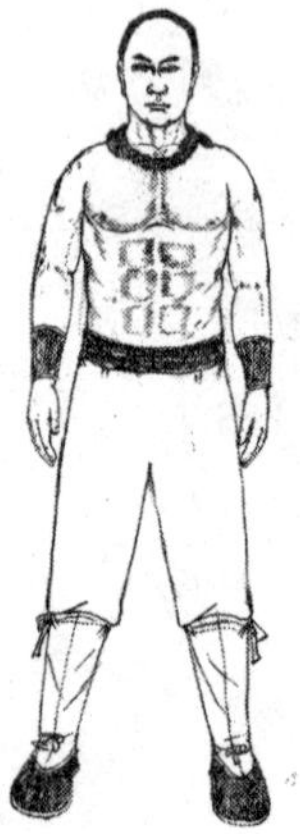

图 2-311

图 2-312

（十四）紧身诀

【秘谱】

两腕宜屈折，不宜与逼歪；两虎口与肩窝、手背平，平指着力。紧身图。（图 2-313）

（十五）功后紧身法

【秘谱】

凡行功不拘哪势，终将两足缓缓伸直，身体亦起直，然后将两膝弯往后着力反折，肩尖与肘尖尽力下落，腰内收而心带硬，正所宜也。若得如此，三七之期，可见其功矣。（图 2-314 ～图 2-316）

图 2-313

图 2-314

图 2-315

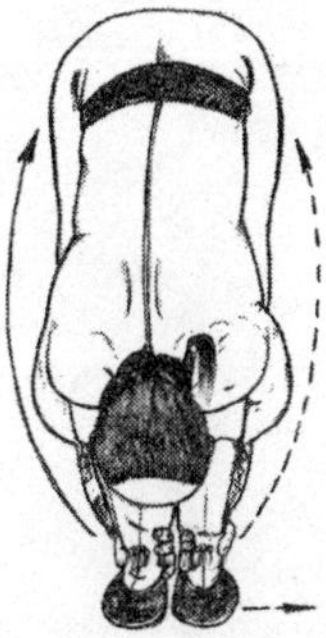

图 2-316

（十六）总　诀

【秘谱 1】

到晚行功把筋易，七天以后始成形。
每到五更金鸡唱，三五七会莫可停。
由渐积功功积力，劲至身坚自异能。

【秘谱 2】

十八形势在此间，昼不停留夜不闲。

前后左右紧中紧，推掌停收慢与慢。
身体倦时酒可饮，筋骨劳后色莫贪。
更把四功依诀用，莫教劲力废尘玩。